Hauptschulabschluss

Original-Prüfungsaufgaben und Training

Nordrhein-Westfalen

Deutsch · EESA

STARK

Inhalt

Zentrale Prüfung 2022

Zentrale Prüfung 2023 . . . . **www.stark-verlag.de/mystark**

Sobald die Original-Prüfungsaufgaben 2023 zur Veröffentlichung freigegeben sind, können sie als PDF auf der Plattform *MyStark* heruntergeladen werden (Zugangscode vorne im Buch).

Lernvideos

Wenn du den QR-Code mit deinem Smartphone oder Tablet scannst, kannst du Lernvideos abrufen, die dir wichtige Rechtschreibregeln erklären.

Im Hinblick auf eine eventuelle Begrenzung des Datenvolumens wird empfohlen, dass du dich beim Ansehen der Videos im WLAN befindest. Hast du keine Möglichkeit, den QR-Code zu scannen, kannst du die Lernvideos auch unter diesem Link aufrufen:

https://stark-verlag.de/qrcode/rechtschreibung-deutsch

Themen der Videos:

– Großschreibung

– Nominalisierung

– Kommaregeln bei Haupt- und Nebensätzen

– Kommasetzung bei Infinitivgruppen

– Rechtschreibstrategien

Autorin:
Marion von der Kammer (Training Prüfungswissen)

Interaktives Training

Mit diesem Buch hast du Zugang zu einem Online-Training mit vielen **interaktiven Aufgaben**. So kannst du auch am Tablet oder PC für die Prüfung üben. Zum interaktiven Prüfungstraining gelangst du über die Plattform *MyStark*. Deinen **persönlichen Zugangscode** dafür findest du ganz vorne im Buch.

Das folgende Inhaltsverzeichnis zum Online-Training zeigt dir, zu welchen Kompetenzbereichen es **zusätzliche interaktive Aufgaben** gibt. Die **Symbole** findest du auch an den passenden Stellen im Buch wieder.

Inhalt Interaktives Training

 Interaktive Aufgaben
Aufgaben mit Tipps, Feedback und sofortiger Auswertung zu allen Bereichen der Prüfung:

Lesekompetenz

1 *Sachtext:* Die wundersamen Parallelen der getrennten Zwillinge
2 *Sachtext:* Mehr als nur ein Handwerk

Schreibkompetenz

3 *Einen Romanauszug analysieren und interpretieren:*
Que Du Luu: Im Jahr des Affen
4 *Ein Gedicht analysieren und interpretieren:*
Ulla Hahn: Wartende
5 *Einen informierenden Text verfassen:*
Thema: Lebensmittelverschwendung
6 *Informationen ermitteln, vergleichen und bewerten:*
Thema: Fast Fashion

Aufsatzhilfe

7 Rechtschreibung und Zeichensetzung
8 Ausdruck und Stil

 Flashcards
Interaktive Lernkarten zu wichtigen Fragen und Fehlerschwerpunkten

 Digitales Glossar
Einfaches und schnelles Nachschlagen von Fachbegriffen, wie z.B. Textsorten, Stilmittel, Grammatikwissen

 Lernvideos
Fünf Lernvideos mit Erläuterungen wichtiger Rechtschreibregeln

Vorwort

Liebe Schülerin, lieber Schüler,

mit diesem Buch kannst du dich eigenständig auf die **zentrale Prüfung am Ende der 10. Klasse** (Hauptschule Typ A, Gesamtschule GK) im Fach Deutsch vorbereiten. Wenn du **frühzeitig** mit dem Üben beginnst und die Kapitel nach und nach durcharbeitest, bist du für die Prüfung zum Erwerb des **EESA** (Erweiterter Erster Schulabschluss, früher: Hauptschulabschluss) gut gerüstet.

▶ Anhand der **zehn Fragen und Antworten** zu Beginn des Buchs kannst du dir zuerst einen Überblick über die Prüfung verschaffen.
Sollten nach Erscheinen dieses Buches noch wichtige **Änderungen zur zentralen Prüfung 2024** bekannt gegeben werden, findest du aktuelle Informationen dazu im Internet auf der Plattform **MyStark:**
www.stark-verlag.de/mystark

▶ Das **Training Prüfungswissen** (Teil A) ist in zwei Teile untergliedert: Im ersten Teil erfährst du, wie du die Aufgaben zum **Leseverstehen** angehen kannst und worauf du besonders achten musst. Der zweite Teil behandelt die **Schreibaufgaben**. Alle drei prüfungsrelevanten Aufgabentypen werden behandelt und du wirst schrittweise an die Bearbeitung der Schreibaufgaben herangeführt. Einprägsame **Tipps**, zahlreiche **Hinweise** sowie Übersichten, in denen alles **auf einen Blick** zusammengefasst wird, helfen dir, deine Fähigkeiten gezielt auf Prüfungsniveau zu trainieren. Du erfährst, wie die einzelnen Aufgaben aussehen können und wie du sie **Schritt für Schritt** bearbeitest.

▶ In **Teil B** findest du die **Original-Prüfungsaufgaben** der letzten Jahre. Sie dienen zur gezielten Prüfungsvorbereitung und zeigen dir ganz genau, was dich in der zentralen Prüfung erwartet. Du kannst so schon im Vorhinein eine echte Prüfung schreiben, um im **Ernstfall** besser mit der Zeit und den Aufgaben zurechtzukommen.

▶ Um dir letzte Prüfung schnellstmöglich zur Verfügung stellen zu können, bringen wir sie in digitaler Form heraus. Sobald die **Original-Prüfungsaufgaben 2023** zur Veröffentlichung freigegeben sind, können sie als PDF auf *MyStark* heruntergeladen werden. Den Zugangscode findest du ganz vorne im Buch.

▶ Zu diesem Buch ist ein separates **Lösungsbuch** (Best.-Nr. D05340L) erhältlich. Darin findest du zu allen Übungs- und Prüfungsaufgaben **ausführliche Lösungsvorschläge** mit hilfreichen Tipps zur selbstständigen Bearbeitung.

Viel Spaß beim Üben und viel Erfolg in der Prüfung wünschen dir
die Autorin und der Verlag!

Die zentrale Prüfung –
10 wichtige Fragen und Antworten

1 In Nordrhein-Westfalen kannst du **am Ende der 10. Klasse** an der zentralen Prüfung zum Erwerb des EESA, des Erweiterten Ersten Schulabschlusses (früher: Hauptschulabschluss), teilnehmen. Die Prüfung umfasst je eine schriftliche Arbeit in Deutsch und Mathematik sowie in einer Fremdsprache. Die schriftliche Prüfung im Fach Deutsch ist am **14. Mai 2024**.

Wann findet die zentrale Prüfung statt?

2 Die Prüfung in Deutsch besteht aus zwei Teilen. **Teil I** ist für alle Prüflinge gleich. In **Teil II** der Prüfung hast du die Wahl zwischen zwei Aufgabenvorschlägen. Von den beiden **Wahlthemen** musst du dich für eines entscheiden.

Wie ist die Prüfung aufgebaut?

▶ Im **ersten Prüfungsteil** werden deine **Kompetenzen** im **Leseverstehen** getestet. Du erhältst einen **Sachtext**, zu dem du mehrere Aufgaben lösen musst. Manchmal bekommst du zusätzlich auch noch eine Tabelle oder ein Diagramm, die zum Thema des Textes passen.

▶ Im **zweiten Prüfungsteil** stehen dir zwei **Schreibaufgaben** zur Wahl.
Wenn du dich für Wahlthema 1 entscheidest, musst du einen **literarischen Text analysieren und interpretieren**.
Bei Wahlthema 2 kommen **zwei Aufgabentypen** infrage: Entweder wird von dir verlangt, einen **informierenden Text** zu schreiben, oder du musst **Informationen** aus vorgegebenen Materialien **ermitteln, vergleichen und bewerten**. In der Prüfung steht immer nur einer dieser beiden Aufgabentypen als zweite Schreibaufgabe zur Wahl. Da du im Vorfeld nicht weißt, welcher Aufgabentyp in der Prüfung drankommt, solltest du dich aber auf beide gut vorbereiten.

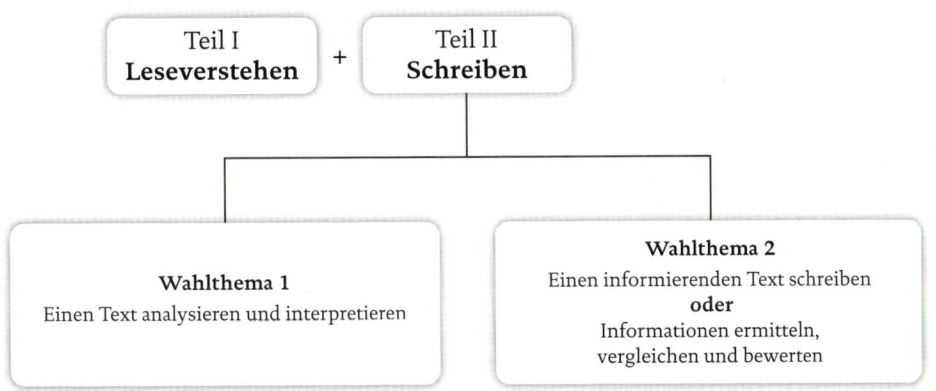

3 Insgesamt hast du zur Bearbeitung der Prüfung **125 Minuten** Zeit. Zusätzlich bekommst du **10 Minuten Einlesezeit** sowie weitere **10 Minuten**, um dich für eine der zwei **Wahlaufgaben** zu entscheiden. Für die Bearbeitung des ersten Teils sind **30 Minuten** vorgesehen. Solltest du schon früher damit fertig sein, kannst du deine Lösungen auch eher abgeben und mit der Bearbeitung des zweiten Teils beginnen.

Wie viel Zeit steht mir zur Verfügung?

Welche Aufgaben gibt es?

4 Es gibt verschiedene Arten von Aufgaben: Im ersten Teil der Prüfung musst du zunächst geschlossene und halboffene Aufgaben beantworten, der anschließende zweite Prüfungsteil besteht aus offenen Aufgaben.

▶ Bei **geschlossenen Aufgaben** handelt es sich in der Regel um Multiple-Choice-Aufgaben. Dabei sollst du aus mehreren Aussagen diejenige auswählen, die die Frage zum Text oder zur Tabelle bzw. zum Diagramm passend beantwortet. Die richtige Antwort musst du meist nur ankreuzen.

▶ Bei **halboffenen Aufgaben** sollst du kurz und treffend eine Antwort formulieren – in Stichworten oder wenigen Sätzen.

▶ **Offene Aufgaben** beantwortest du mit einem ausführlichen und zusammenhängenden Text. In der Regel bekommst du mehrere Teilaufgaben, zu denen du einen zusammenhängenden Aufsatz schreiben sollst. Manchmal erhältst du auch eine genau formulierte Aufgabenstellung ohne Textgrundlage.

Wie gehst du am besten vor?

5 Verschaffe dir zuerst einen **Überblick**. Dazu überfliegst du die Texte und die zugehörigen Aufgaben. Lies dann die Texte noch einmal genau durch und stelle **Überlegungen** zu den einzelnen Aufgaben an. Am besten notierst du auch schon **Stichworte**. Danach bearbeitest du die Aufgaben: Fange mit den geschlossenen und halboffenen Aufgaben an, bearbeite dann die offenen Aufgaben.

Wird auch Rechtschreibung gewertet?

6 Ja! Natürlich solltest du deine Texte möglichst fehlerfrei schreiben. Das betrifft sowohl die richtige **Schreibung** der Wörter als auch die **Zeichensetzung**. Die Sprachrichtigkeit spielt ebenfalls eine Rolle bei der Benotung, d. h., du musst dich unbedingt darum bemühen, Sätze zu schreiben, die **grammatisch** korrekt sind.

Welche Hilfsmittel sind erlaubt?

7 Du darfst ein **Wörterbuch** benutzen. Es hilft dir, wenn du nicht genau weißt, wie ein Wort geschrieben wird oder welche Bedeutung ein Wort hat.

Wie kannst du dich auf die zentrale Prüfung vorbereiten?

8 Beginne möglichst **frühzeitig** mit der Vorbereitung. Mit diesem Buch kannst du deine Fertigkeiten im Fach Deutsch schon **ab Klasse 9** gezielt trainieren und somit selbstständig auf **Klassenarbeiten** und die **zentrale Prüfung** am Ende der Klasse 10 hinarbeiten. Allerdings genügt es nicht, die einzelnen Kapitel nur möglichst rasch zu überfliegen. Du solltest richtig **aktiv** mit diesem Buch arbeiten.

Wie wird die Prüfung benotet?

9 Deine Abschlussnote setzt sich aus der Note der zentralen Prüfung und deiner Vornote zusammen. Die Vornote beruht auf deinen Leistungen seit Beginn des Schuljahres. Auch Hausaufgaben und mündliche Leistungen zählen dazu.

▶ Sind Vornote und Prüfungsnote gleich, gilt die Vornote als **Abschlussnote**.

▶ Weichen Vornote und Prüfungsnote um eine Note voneinander ab, legt **deine Lehrkraft** die Note in Abstimmung mit dem/der Zweitkorrektor*in fest.

▶ Sind Vornote und Prüfungsnote um zwei Noten voneinander verschieden, kannst du dich einer **freiwilligen mündlichen Prüfung** unterziehen. Falls du das nicht willst, wird der **Mittelwert** aus Vornote und Prüfungsnote gebildet.

▶ Weicht deine Prüfungsnote um mehr als zwei Notenstufen von der Vornote ab, ist die **mündliche Prüfung** für dich **verpflichtend**.

10 Die mündliche Prüfung wird nicht zentral, sondern von deiner Deutschlehrerin oder deinem Deutschlehrer gestellt. Dir werden **drei Themenbereiche aus Klasse 10** genannt, auf die du dich vorbereiten musst. Zwei davon sind Gegenstand der Prüfung. Die Aufgabenstellungen bekommst du schriftlich. Danach hast du **10 Minuten** Zeit, dich mit den Aufgaben vertraut zu machen. Die eigentliche mündliche Prüfung dauert dann ca. **15 Minuten**. In dieser Zeit sollst du deine Überlegungen möglichst selbstständig darlegen. Deine Lehrkraft kann aber Zwischenfragen stellen, wenn sie etwas genauer von dir wissen möchte oder wenn dir zu einem Thema nicht so viel einfällt.

Wie läuft die mündliche Prüfung ab?

▶ Training
Prüfungswissen

Erster Prüfungsteil: Leseverstehen

Was muss man können? Was wird geprüft?

Für eine gute Lesekompetenz musst du natürlich zunächst das reine Handwerk des Lesens beherrschen. Du sollst also Buchstaben erlesen und sie zu Wörtern zusammenfügen können. Aber das allein genügt nicht: Es ist ebenfalls deine Aufgabe, den **Sinn von Textaussagen** zu entschlüsseln.

In der Prüfung sollst du vor allem zeigen, dass du diese drei Teilkompetenzen beherrschst:

▶ **Bedeutungen zuordnen:** Du sollst Wörtern aus dem Text die passenden Bedeutungen zuordnen. Die Bedeutung eines Wortes ist allerdings nicht immer eindeutig. Das gilt insbesondere für Wörter, die gleich lauten oder geschrieben werden, aber unterschiedliche Bedeutungen haben. Wenn dir die Bedeutung eines Wortes nicht auf Anhieb klar ist, versuchst du sie am besten aus dem Textzusammenhang zu erschließen.

Beispiel

Ob mit dem Wort „Schloss" ein Palast oder ein Türverschluss gemeint ist, ergibt sich aus dem Textzusammenhang.

▶ **Zusammenhänge herstellen:** Du sollst erkennen, worauf sich einzelne Formulierungen beziehen. Jeder Text befasst sich mit einem bestimmten Thema. Deshalb ist es selbstverständlich, dass immer wieder von den gleichen Personen oder Dingen die Rede ist. Diese werden aber nicht immer mit den gleichen Wörtern bezeichnet.

Beispiel

Ein und dieselbe Person kann im Text mit verschiedenen Wörtern bezeichnet sein, z. B.: „Stefan" – „der Jugendliche" – „der Schüler" – „der Faulpelz" …

▶ **Textaussagen mit eigenem Wissen verbinden:** Du sollst Textaussagen mit eigenen Vorstellungen verbinden und richtig deuten. Das heißt, du musst beim Lesen auch eigenes Wissen und eigene Erfahrungen mit einbringen, um die volle Bedeutung einer Textstelle zu erschließen. Frage dich: *Woher kenne ich das? Was bedeutet das?*

Beispiel

Die Bedeutung der Aussage „Stefan verließ die Schule ohne Schulabschluss" kannst du nur dann richtig verstehen, wenn du weißt, dass man ohne Schulabschluss nur wenig Chancen auf einen Ausbildungsplatz hat.

Tipp

Im Zweifel geht es um das, was im Text steht. Du darfst also **keine Vermutungen** anstellen. Frage dich immer: *Wo steht das im Text?*

1 Den Leseprozess steuern

Wenn du glaubst, es würde genügen, einen Text nur einmal zu lesen, um ihn wirklich zu verstehen, irrst du dich! Für ein genaues Textverständnis sind auf jeden Fall (mindestens) **zwei Lesedurchgänge** notwendig:

Schritt für Schritt

Texte richtig lesen

Arbeitsschritt **1** **Überfliegendes, rasches Lesen:**
Verschaffe dir einen ersten Eindruck vom Inhalt des Textes. Frage dich:
- *Um was für eine Textsorte handelt es sich?*
  (vgl. Textsortenüberblick S. 22)
- *Welches Thema wird behandelt?*
- *Was für ein Inhalt wird dargestellt?*

Arbeitsschritt **2** **Genaues Lesen und Markieren bedeutsamer Textstellen:**
Nimm Satz für Satz zur Kenntnis und achte dabei auch auf wichtige Einzelheiten. Markiere alle Textstellen, die dir bedeutsam erscheinen, und notiere am Rand Stichworte dazu. Wenn du anschließend die Aufgaben zum Text löst, findest du schnell die Textstellen, die dir Auskunft über die gesuchten Lösungen geben.

Hinweis: Achte beim Lesen auch darauf, ob du den Text in **Sinnabschnitte** einteilen kannst. Ein Sinnabschnitt besteht aus einer Gruppe von Textaussagen, die sich alle mit einem bestimmten (Unter-)Thema befassen. Oft – aber nicht immer – entspricht ein Sinnabschnitt einem Absatz im Text.

Tipp

> Solltest du auch beim zweimaligen Lesen feststellen, dass du die eine oder andere **Textstelle nicht** oder nicht genau genug **verstanden** hast, markierst du sie mit **?** . Nach dem zweiten Lesedurchgang nimmst du solche Textstellen und deren Umfeld noch einmal gründlich in den Blick, um deine Verständnisprobleme zu lösen. Meist gelingt dir das dann doch!

Lies den folgenden Text zweimal, wie in „Schritt für Schritt" beschrieben, und bearbeite dann die Aufgaben.

Übung 1

Die Azubi-Lücke wird zur Gefahr für die deutsche Wirtschaft

1 Die Not macht erfinderisch. Weil viele Unternehmen akute Nachwuchssorgen haben und überall in Deutschland Lehrlinge fehlen, legen sich die Arbeitgeber mächtig ins Zeug: In Stutt-
5 gart lud die Industrie- und Handelskammer (IHK) kürzlich zum „Azubi-Speed-Dating" ein, um Schulabgänger und Betriebe zusammenzubringen. In Hessen gibt es neuerdings eine „AzubiCard", die Lehrlingen etliche finanzielle Vergünstigun-
10 gen verspricht. Und in Ostdeutschland werben Wirtschaftsvertreter offensiv um junge Leute aus dem Nachbarland Polen.

Noch rund 240 000 Ausbildungsplätze sind dem Deutschen Industrie- und Handelskammer-
15 tag (DIHK) zufolge unbesetzt. Zwar sei dies nur eine grobe Schätzung, heißt es bei dem Spitzenverband. Denn die Suche sei noch in vollem Gang. Schließlich beginnt das neue Ausbildungsjahr erst im Herbst. Doch trotz aller Bemühungen
20 wird es den Betrieben wohl auch in diesem Jahr nicht gelingen, für alle Lehrstellen passende Kandidaten zu finden. 2018 kamen auf rund 530 000 neue Ausbildungsverträge knapp 58 000 unbesetzte Plätze. Mehr als jede zehnte Lehrstelle blieb
25 somit unbesetzt – ein trauriger Rekord. Allerdings hatten auch fast 25 000 junge Menschen keine Lehrstelle gefunden.

Nicht nur die Wirtschaft, auch die Politik sucht nach Wegen, um mehr Jugendliche für die beruf-
30 liche Ausbildung zu gewinnen. Denn der steigende Fachkräftemangel entwickelt sich mehr und mehr zu einer Wachstumsbremse für die Wirtschaft. Seit der Jahrtausendwende sank die Zahl der Auszubildenden um ein Viertel auf rund 1,3
35 Millionen. War früher die duale Berufsausbildung die häufigste Qualifizierungswahl, so zieht es heutzutage die meisten jungen Leute zum Studium.

Nun aber bemüht sich die Politik mit einem
40 Bündel von Maßnahmen darum, die Attraktivität des dualen Systems wieder zu erhöhen. So wurde zum 1. Januar 2020 ein Azubi-Mindestlohn von 515 Euro eingeführt.

Aufgaben

1. **Überfliegendes Lesen**
   Notiere Stichpunkte zu Textsorte, Thema und Inhalt.

   a) Textsorte: _____

   b) Thema: _____

   c) Überblick über den Inhalt: _____

   _____

   _____

   _____

2. **Genaues Lesen**
   a) Markiere wichtige Textstellen und notiere am Rand stichwortartig, was du daraus ersehen kannst.

   b) Unterteile den Text in Sinnabschnitte und finde für jeden Sinnabschnitt eine passende Zwischenüberschrift.

Sinnabschnitt	Zwischenüberschrift
Z. 1 – Z. 12	Maßnahmen, um Azubis zu werben

2 Leseaufgaben lösen

Interaktive Aufgaben: Leseverstehen üben

Deine Lesekompetenz wird anhand eines Textes überprüft, der dir unbekannt ist. Du sollst ihn lesen und anschließend einige Aufgaben dazu bearbeiten. In der Regel sind das **geschlossene Aufgaben**. Es können aber auch **halboffene Aufgaben** vorkommen. Lies die Aufgaben ganz genau, damit du weißt, wonach gefragt wird.

> Falls du bei einer Aufgabe unsicher bist, wie die richtige Lösung lautet, solltest du die Aufgabe trotzdem bearbeiten. Bedenke: **Nicht gelöste Aufgaben gelten als falsch.** Wenn du dich aber für eine Lösung entscheidest, besteht immerhin die Möglichkeit, dass sie richtig ist.

2.1 Geschlossene Aufgaben lösen

Geschlossene Aufgaben sind so gestellt, dass jeweils **nur ganz bestimmte Lösungen richtig** sind. Entweder musst du die zutreffende(n) Lösung(en) ankreuzen, oder du musst die richtige Lösung nennen. In der Regel genügen dann aber Stichworte.

Es gibt verschiedene Arten von geschlossenen Aufgaben. Wenn du weißt, was bei den einzelnen Aufgabenarten von dir erwartet wird, fällt es dir leichter, die richtigen Lösungen zu finden.

Auf einen Blick

Geschlossene Aufgaben	
Multiple-Choice-Aufgaben	Du bekommst in der Regel vier Aussagen zum Text. Nur eine davon darfst du ankreuzen. Man kann Multiple-Choice-Aufgaben daher auch als Mehrfachwahlaufgaben bezeichnen.
Richtig-/Falsch-Aufgaben	Du bekommst mehrere Aussagen zum Text. Davon treffen einige zu, andere nicht. Bei jeder Aussage musst du entscheiden, ob sie richtig oder falsch ist, und entsprechend ankreuzen.
Umordnungsaufgaben	Du bekommst mehrere Aussagen zum Text; diese sind aber falsch angeordnet. Du musst die richtige Reihenfolge bestimmen, indem du sie z. B. nummerierst.
Zuordnungsaufgaben	Du bekommst mehrere Aussagen zum Text. Daneben werden dir verschiedene Bezugsgrößen genannt, z. B. Personen, von denen im Text die Rede ist. Du musst nun jede Aussage der passenden Bezugsgröße zuordnen.
Geschlossene Fragen	Dir wird eine Frage zum Text gestellt, auf die es nur eine passende Antwort gibt; diese musst du aufschreiben. Meist handelt es sich dabei um ein Stichwort, das du notieren sollst. Auch eine Zahl kann gefragt sein. Manchmal sind solche Aufgaben auch als Aufforderung formuliert. Dann musst du z. B. etwas nennen.

Multiple-Choice-Aufgaben

Beispiel

Warum solltest du mutig sein, wenn eine Aufgabe am Schluss noch ungelöst geblieben ist? Kreuze die passende Aussage an.

a) ☐ Ich darf keine Aufgabe ungelöst lassen.

b) ☐ Es ist egal, ob die Lösung stimmt oder nicht.

c) ☒ Vielleicht kreuze ich zufällig die richtige Aussage an.

d) ☐ Ungelöste Aufgaben machen einen schlechten Eindruck.

Es kann auch vorkommen, dass mit einer Multiple-Choice-Aufgabe gezielt nach einer **Falschaussage** gefragt wird.

Beispiel

Was ist das Besondere an Multiple-Choice-Aufgaben?
Kreuze die Aussage an, die **nicht** zutrifft.

a) ☐ Nur eine einzige Antwort kommt für die Lösung infrage.

b) ☐ Ich muss die richtige Lösung ankreuzen.

c) ☒ Es gibt für die Lösung mehrere Möglichkeiten.

d) ☐ Es werden mehrere Auswahlantworten vorgegeben.

Tipp

> Gehe nach dem **Ausschlussverfahren** vor, wenn du beim Lösen einer Multiple-Choice-Aufgabe unsicher bist: Überlege, welche Antworten auf keinen Fall infrage kommen, und sondere sie aus. Von den verbliebenen Auswahlantworten wählst du die aus, die dir am wahrscheinlichsten erscheint.

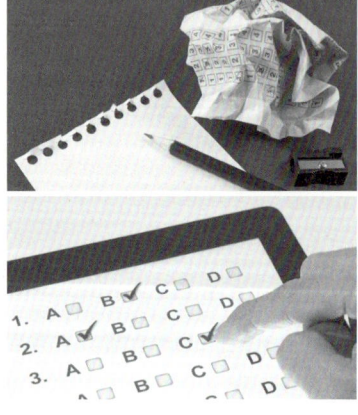

Geschlossene Fragen

Beispiel

Welche Bezeichnung könnte man anstelle des Begriffs *Multiple-Choice-Aufgaben* auch verwenden?

Mehrfachwahlaufgaben

Umordnungsaufgaben

In welcher Reihenfolge werden die folgenden Fragen in diesem Kapitel beantwortet? Nummeriere sie entsprechend.

Beispiel

Nummer	Frage
2	Welche Arten von Aufgaben gibt es, um die Lesekompetenz zu testen?
4	Wie solltest du beim Lösen von geschlossenen Aufgaben vorgehen?
3	Wie können geschlossene Aufgaben aussehen?
1	Wie wird deine Lesekompetenz geprüft?

Richtig-/Falsch-Aufgaben

Wie solltest du beim Lösen von geschlossenen Aufgaben vorgehen? Kreuze an.

Beispiel

Ich sollte …

	trifft zu	trifft nicht zu
a) jede Aufgabe ganz genau lesen.	X	☐
b) im Text nach der passenden Information suchen.	X	☐
c) mich vor allem an meinem Erfahrungswissen orientieren.	☐	X
d) nur Aussagen ankreuzen, die wortwörtlich im Text stehen.	☐	X
e) mich möglichst an die gegebene Reihenfolge halten.	X	☐

Tipp

> Sorge dafür, dass deine **Lösungen eindeutig** sind. Falls du versehentlich eine falsche Aussage angekreuzt hast, streichst du das Kreuz durch. Die richtige Lösung kannst du zusätzlich mit einem entsprechenden Vermerk versehen, z. B.: *richtige Lösung* → X .

Zuordnungsaufgaben

Auf welche Aufgabenart beziehen sich die folgenden Aussagen?
Trage den passenden Buchstaben in die Tabelle ein.

Beispiel

A. Multiple-Choice-Aufgaben
B. Richtig-/Falsch-Aufgaben
C. Geschlossene Fragen
D. Umordnungsaufgaben
E. Zuordnungsaufgaben

Buchstabe	Ich muss …
B	bei jeder Aussage prüfen, ob sie zum Text passt oder nicht.
C	eine Frage kurz und knapp beantworten.
D	ungeordnet vorliegende Aussagen zum Text ordnen.
A	von mehreren Auswahlantworten die passende ankreuzen.
E	verschiedene Aussagen aus dem Text den passenden Bezugsgrößen zuordnen.

Schritt für
Schritt

Geschlossene Aufgaben lösen

Arbeitsschritt **1**   Lies den Text mindestens zweimal und mache dir **Markierungen** und **Notizen**.

Arbeitsschritt **2**   Wirf nach dem ersten Lesedurchgang schon einen **Blick auf die Aufgaben**, damit du weißt, was von dir verlangt wird und welche Textstellen wichtig sein könnten.

Arbeitsschritt **3**   Beginne nach dem zweiten Lesedurchgang mit der Bearbeitung der Aufgaben. Achte darauf, um welche **Aufgabenart** es sich jeweils handelt.

Tipp

> Bearbeite die Aufgaben der Reihe nach, da die **Reihenfolge** von einfachen in schwierigere Aufgaben übergeht. Falls du bei einer Aufgabe unsicher bist, solltest du dich nicht zu lange damit aufhalten. Es könnte sonst sein, dass du dadurch zu viel Zeit verlierst. Löse dann erst einmal die anderen Aufgaben. Mit der „**Problemaufgabe**" kannst du dich am Schluss immer noch beschäftigen.

Übung 2

Die folgenden Aufgaben beziehen sich auf den Text „Die Azubi-Lücke wird zur Gefahr für die deutsche Wirtschaft" (vgl. S. 7).
Bestimme jeweils die Aufgabenart und gib außerdem die richtige Lösung an.

1. Nenne die Maßnahme, mit der das Bundesland Hessen versucht, Azubis zu werben.

    _____

    Aufgabenart: _____

2. Wie viele Lehrstellen blieben in Deutschland im Jahr 2018 unbesetzt? Kreuze die richtige Aussage an.

    Im Jahr 2018 blieb in Deutschland …

    a) ☐ jede zweite Lehrstelle unbesetzt.

    b) ☐ mehr als jede zehnte Lehrstelle unbesetzt.

    c) ☐ keine einzige Lehrstelle unbesetzt.

    d) ☐ fast jede fünfte Lehrstelle unbesetzt.

    Aufgabenart: _____

3. Nummeriere die Aussagen in der Reihenfolge, wie sie im Text erscheinen.

Nummer	Aussage
	Der Mangel an Fachkräften wird für die Wirtschaft immer mehr zum Problem.
	Es soll ein Mindestlohn für Azubis eingeführt werden.
	In Ostdeutschland bemüht man sich, Auszubildende aus Polen anzuwerben.
	Immer mehr junge Menschen entscheiden sich für ein Studium.
	Im Jahr 2018 blieben 58.000 Lehrstellen unbesetzt.

Aufgabenart: _____

4. Wer unternimmt die jeweilige Maßnahme, um duale Berufsausbildungen wieder attraktiver zu machen? Ordne passend zu.

A. Politik
B. Wirtschaftsvertreter*innen
C. Industrie- und Handelskammer

Akteur	Maßnahme
	Es wird ein „Azubi-Speed-Dating" organisiert, um Schulabgänger*innen und Betriebe zusammenzuführen.
	Es werden finanzielle Anreize geschaffen, um Berufsausbildungen interessanter zu machen.
	Es wird um Azubis aus dem Nachbarland Polen geworben.

Aufgabenart: _____

5. Welche der folgenden Aussagen sind zutreffend und welche nicht? Kreuze entsprechend an.

	trifft zu	trifft nicht zu
a) Der steigende Fachkräftemangel hat keine negativen Auswirkungen auf die Wirtschaft.	☐	☐
b) Die Zahl der Auszubildenden sank seit der Jahrtausendwende um ein Viertel.	☐	☐
c) Um dem Fachkräftemangel entgegenzuwirken, werden Azubis aus Italien und Spanien angeworben.	☐	☐
d) Fast 25.000 Jugendliche haben im Jahr 2018 keine Lehrstelle gefunden.	☐	☐
e) Ab dem Jahr 2024 soll es einen Mindestlohn für Auszubildende geben.	☐	☐

Aufgabenart: _____

Übung 3

Lies den folgenden Text und bearbeite anschließend die zugehörigen Aufgaben.

Wenn es gar nicht böse gemeint war – so funktioniert Alltagsrassismus

1 Es ist kurz vor 19 Uhr, Tina Monkonjay Garway hat einen langen Arbeitstag hinter sich und will nur noch nach Hause. Die U-Bahn ist voll, aber sie findet einen Sitzplatz neben einer älteren Frau. Es dauert nicht lange und die Dame fängt ein Gespräch an. Sie erzählt von ihrem letzten Afrika-Urlaub – in Kenia war sie. So schön ist es da. Und die Natur!

5 Garway nickt, lächelt und antwortet höflich, eigentlich will sie ihre Ruhe.

Plötzlich greift die Dame mit ihrer linken Hand in Garways Haare. „Zack", sagt Garway und ahmt die Handbewegung nach, als sie davon erzählt. Sie hat es nicht kommen sehen. „Oh, das fühlt sich aber schön an, so weich!", sagt die Fremde. „Wie ein Schaf!". Sie ist ganz entzückt. Garway lächelt wieder, versucht sich nicht ansehen zu las-

10 sen, was in diesem Moment in ihr vorgeht.

In ihrem Inneren rasen die Gedanken: „Was hat diese Frau davor alles angefasst? Hat sie sich die Hände gewaschen, nachdem sie auf dem Klo war? Hat sie sich nicht vorhin erst die Nase geputzt?" Garway ekelt sich – sagt aber nichts.

Eigentlich kennt sie diese Situation ja auch schon zur Genüge. Immer wieder greifen

15 ihr fremde Menschen ins Haar. Denn Tina Garway ist schwarz, ihre naturkrausen Haare trägt sie zurzeit in dünnen Zöpfen in einem Pferdeschwanz. Schwarze Frauen in Deutschland teilen diese unangenehme Erfahrung. Es passiert in der U-Bahn, am Arbeitsplatz, in der Disko oder im Freundeskreis. Der aufdringliche Griff in die Haare ist nur eine von vielen Formen von Alltagsrassismus, dem viele Schwarze regelmäßig aus-

20 gesetzt sind.

Wann kann man von Rassismus sprechen?

Aber wieso ist das Rassismus? Die Frau hat Garway doch ein Kompliment gemacht?

„Weil jemand in deine Privatsphäre und irgendwie auch in dich als Person hineingreift, ohne um Erlaubnis zu bitten", erklärt Garway. „Das ist meine Privatsphäre, das ist

25 mein Körper. Ich darf entscheiden, wer mich anfasst und wer nicht. Das ist das Problem: Sie denken, dass sie aus ihrer Neugierde heraus alles machen dürfen, mit dem, was fremd aussieht." Einem weißen Menschen passiert das nicht – oder zumindest nicht so regelmäßig, wie Garway und anderen Schwarzen Personen.

Was Rassismus genau ist, darüber streitet die Wissenschaft. Es gibt eine Vielzahl an

30 Definitionen – der Duden definiert den Begriff als eine „Theorie, nach der Menschen bzw. Bevölkerungsgruppen mit bestimmten biologischen Merkmalen hinsichtlich ihrer kulturellen Leistungsfähigkeit anderen von Natur aus über- bzw. unterlegen sein sollen".

Das bedeutet: Rassismus ist eine Form der Fremdenfeindlichkeit, bei der Menschen etwa aufgrund ihrer Hautfarbe anders behandelt werden. Wenn man fremden weißen

35 Frauen auf keinen Fall einfach so in die Haare greifen würde, bei Schwarzen Frauen aber keine Hemmungen hat, kann man also von Rassismus sprechen – selbst wenn gar keine böse Absicht dahintersteckt.

Nett gemeinte Komplimente

1 *Rassismen:*
Plural von „Rassismus"

Viele Rassismen[1], die Schwarze in ihrem Alltag erleben, sind in Komplimente verpackt.

40 Für Yolanda Bisrat (Name geändert) war das vor allem in der Schulzeit schwierig. Die 23-jährige Studentin ist in München geboren und aufgewachsen, ihre Eltern kommen aus Eritrea. Als sie als Teenager mit einer Freundin shoppen war, sagte diese: „Ich weiß gar nicht, was du hast. Du bist so hübsch, trotz deiner Hautfarbe."

Oder einmal, als eine neue Bekanntschaft meinte: „Du bist die erste Schwarze, die ich

2 *perplex:*
sehr überrascht

45 kenne, die nicht stinkt." In solchen Momenten ist Bisrat einfach nur perplex[2]. Sie weiß nicht, wie sie reagieren soll, in der Regel ignoriert sie die Kommentare oder lacht darüber. Aber es fühlt sich nicht gut an. „Man hat schon eine dicke Haut, aber es belastet trotzdem." Ihre Mutter sagt, sie solle solche Sprüche nicht so ernst nehmen.

Manchmal wird der Ton aber auch härter: „Nicht arbeiten gehen, aber ein Handy
50 haben", hat ein älterer Mann der Studentin einmal am Münchner Hauptbahnhof zuge-
rufen. Vor allem abends geht Bisrat ungern allein aus dem Haus. Auch Garway vermei-
det es, spät nachts ohne Begleitung unterwegs zu sein: „Wenn ich nach draußen gehe,
verliere ich meinen akademischen Grad[3]. Weil, da bin ich dann die Schwarze, die ein
Flüchtling sein könnte oder arm. Ich kann nicht befreit laufen, weil oft Fragen oder
55 Kommentare kommen, auf die ich einfach nicht antworten möchte."
[...]

Rassismus und Diskriminierung in vielen Bereichen

Tahir Della ist im Vorstand der Initiative „Schwarze Menschen in Deutschland" (ISD).
Er kritisiert, dass Rassismus nicht ernst genug genommen wird: Das Problem sei nicht
60 bloß der Alltagsrassismus und die vermeintlich[4] unbedachten oder „harmlosen" Kommentare, sondern auch der institutionelle[5] Rassismus: Ob bei der Wohnungs- oder Job-
suche, in der Schule oder Universität, im Gesundheitswesen, vor Gericht oder bei Poli-
zeikontrollen – in all diesen Bereichen werden Schwarze Menschen benachteiligt und
diskriminiert.
65 Dass Rassismus dabei oft unbewusst oder unbeabsichtigt geschieht, befreie nicht von
der Verantwortung, meint Della. „Es ist, wie wenn du jemandem auf den Fuß steigst. Es
war keine Absicht, aber es tut trotzdem weh. Du sagst nicht: Das war unbewusst, also ist
es nicht so schlimm. Sondern du entschuldigst dich und schaust, dass du ihm nicht noch
mal auf den Fuß trittst."

Quelle: Nadja Ayoub: Wenn es gar nicht böse gemeint war – so funktioniert Alltagsrassismus; Utopia vom 21. 03. 2022;
https://utopia.de/alltagsrassismus-rassismus-diskriminierung-im-alltag-99439 (gekürzt und leicht verändert)

Anmerkung: Der Begriff *Schwarz* meint keine Hautfarbe, sondern eine soziale Kategorie. Er ist eine Selbstbezeich-
nung von Menschen, die Rassismuserfahrungen machen. Um darauf aufmerksam zu machen, wird er in diesem Text
großgeschrieben, obwohl Adjektive im Deutschen normalerweise kleingeschrieben werden.

3 *Einen akademischen Grad erwirbt man, wenn man ein Studium an einer Universität abschließt.*

4 *vermeintlich: scheinbar*

5 *Institutioneller Rassismus: Rassismus, der von einer Institution oder Organisation ausgeht, z. B. von einer Behörde*

Aufgaben

1. Bestimme die Textsorte. Kreuze die passende Aussage an.

   Bei dem Text handelt es sich um …

   a) ☐ einen Bericht.

   b) ☐ einen Kommentar.

   c) ☐ eine Reportage.

   d) ☐ ein Interview.

2. Bestimme das Thema des Textes. Stichworte genügen.

   _____

3. Tina Monkonjay Garway erzählt, wie sie einmal nach der Arbeit nach Hause gefahren ist. Bringe die folgenden Aussagen in die richtige Reihenfolge. Nummeriere sie entsprechend.

Nummer	Der Weg nach Hause
	Die ältere Dame fasst ihr in die Haare.
	Ihre Sitznachbarin erzählt ihr von einem Afrika-Urlaub.
	Neben einer älteren Dame findet sie einen Sitzplatz.
	Die Frau macht ihr Komplimente wegen ihrer Haare.
	Tina sieht, dass die U-Bahn voll besetzt ist.

4. Es heißt im Text, dass Tina sich ekelt. Was ist der Grund dafür und was nicht? Kreuze entsprechend an.

	trifft zu	trifft nicht zu
a) Die Sitznachbarin hat schmutzige Hände.	☐	☐
b) Tina fragt sich, was die Frau alles angefasst hat.	☐	☐
c) Die Frau hat vor Kurzem etwas Fettiges gegessen.	☐	☐
d) Die Sitznachbarin ist erkältet und hustet viel.	☐	☐

5. Warum findet Tina es nicht in Ordnung, wenn ihr weiße Menschen ins Haar fassen?
   Kreuze an, welche der folgenden Aussagen zutreffen und welche nicht.

	trifft zu	trifft nicht zu
a) Es stört sie, wenn weiße Menschen ihr mit Neugier begegnen.	☐	☐
b) Weißen Menschen wird in der Regel nicht von Fremden in die Haare gefasst.	☐	☐
c) Sie möchte von Fremden nicht ungefragt berührt werden.	☐	☐
d) Sie findet es nicht in Ordnung, wenn weiße Menschen Kontakt zu ihr aufnehmen.	☐	☐

6. Gegenüber Schwarzen Menschen gibt es verschiedene Vorurteile. Kreuze diejenigen an, von denen im Text die Rede ist.

Schwarze Menschen …

a) ☐ sind ungebildet.

b) ☐ sind arm.

c) ☐ haben viel Kraft.

d) ☐ sind sportlich.

e) ☐ stinken.

f) ☐ wollen nicht arbeiten.

g) ☐ sind nicht hübsch.

7. Wie reagiert Yolanda, wenn sie sich sogar im Freundeskreis rassistische Kommentare anhören muss? Kreuze die passende Aussage an.

a) ☐ Sie protestiert.

b) ☐ Sie lacht darüber.

c) ☐ Sie wird wütend.

d) ☐ Sie verlässt den Raum.

8. Tina geht abends ungern allein nach draußen. Kreuze an, was der Grund dafür ist.

a) ☐ Sie hat grundsätzlich Angst vor Dunkelheit.

b) ☐ Sie denkt, abends sei es draußen gefährlich für sie.

c) ☐ Sie will sich keine unangenehmen Kommentare anhören.

d) ☐ Sie hat keine Freunde, die sie abends treffen könnte.

9. Nenne vier Bereiche, in denen Schwarze Menschen oft benachteiligt werden.

- _____

- _____

- _____

- _____

10. Welchen Vorwurf macht Tahir Della den Deutschen?
Kreuze die passende Aussage an.

Er wirft den Deutschen vor, dass sie …

a) ☐ sich häufig rassistisch verhalten.

b) ☐ Schwarze Deutsche als Flüchtlinge ansehen.

c) ☐ den Rassismus im Land nicht ernst nehmen.

d) ☐ nichts von Rassismus verstehen.

2.2 Halboffene Aufgaben lösen

Im Prinzip sind halboffene Aufgaben nichts anderes als Fragen zum Text, die du **mit eigenen Worten** beantworten sollst. Es werden dir also **keine Lösungsvorschläge** vorgegeben, die du überprüfen und beurteilen musst, sondern du sollst die richtigen Lösungen selbstständig finden und treffend formulieren.

Auf einen Blick

Halboffene Aufgaben	
W-Fragen	Es werden direkte Fragen gestellt. Oft handelt es sich um Warum- oder Wie-Fragen. Du bearbeitest sie, indem du jeweils vollständige Antwortsätze schreibst.
Zitate erläutern	Dir wird eine Textstelle genannt und du musst sagen, was damit gemeint ist.
Textaussagen erklären	Du sollst eine Aussage zum Text erklären. Dabei musst du dich auf eine oder mehrere Textstellen beziehen.

Hinweis: Die Aufgaben sind nie so gestellt, dass du die richtige Lösung wortwörtlich im Text findest. Wichtig ist, dass du deine Lösung mit eigenen Worten zum Ausdruck bringst. In der Regel genügt dafür ein einziger Antwortsatz. Manchmal bietet es sich auch an, zwei oder drei Sätze zu schreiben – mehr aber nicht.

Schritt für Schritt

Halboffene Aufgaben lösen

Arbeitsschritt **1** Lies jede Aufgabe sehr **genau** durch. Es ist wichtig, dass du verstehst, wonach gefragt wird bzw. was du erklären sollst.

Arbeitsschritt **2** Überlege, welche **Textstelle(n)** dir die entscheidenden Auskünfte geben. Bedenke aber, dass du die richtigen Antworten nicht unbedingt wortwörtlich im Text findest.

Arbeitsschritt **3** Schreibe deine Antwort in **eigenen Worten** auf (ein bis drei Sätze).

Arbeitsschritt **4** **Überprüfe** deine Antwortsätze. Kontrolliere Formulierungen, Rechtschreibung und Zeichensetzung.

Tipp

Vermeide es, deinen **Lösungssatz** mit einer unterordnenden Konjunktion (z. B. „wenn" oder „weil") zu beginnen. Das könnte sonst dazu führen, dass du als Antwort **nur einen Nebensatz** schreibst, der als Lösung **unzureichend** ist.

Beispiele

Die folgenden Beispiele beziehen sich auf den Text „Wenn es gar nicht böse gemeint war – so funktioniert Alltagsrassismus" (S. 14/15).

1. An einer Stelle heißt es über Tina: „In ihrem Inneren rasen die Gedanken [...]" (Z. 11). Erkläre, was das bedeutet und wie es dazu gekommen ist.

   Tina ist unruhig und hat viele Gedanken im Kopf, weil ihre Sitznachbarin ihr überraschend ins Haar gefasst hat. Sie findet das unverschämt und fragt sich, was die Frau vorher alles angefasst haben könnte.

2. Erkläre, weshalb Yolanda manchmal nicht weiß, wie sie im Umgang mit anderen Menschen reagieren soll (vgl. Z. 45–47).

Es kommt vor, dass ihr Freunde oder Bekannte ein Kompliment machen, dass sie jedoch als rassistisch empfindet. Zum Beispiel, wenn ihr jemand sagt, sie sei die erste Schwarze, die nicht stinke. Solche Äußerungen machen sie geradezu fassungslos und sie weiß nicht, wie sie reagieren soll.

Bearbeite die folgenden halboffenen Aufgaben zum Text.

Übung 4

1. Erkläre, weshalb Tina sich über die Frau ärgert, die in der U-Bahn neben ihr sitzt.

   _____

   _____

   _____

   _____

2. Erkläre, warum man es als rassistisch ansehen kann, wenn ein weißer Mensch einem Schwarzen Menschen in die Haare fasst.

   _____

   _____

   _____

   _____

3. Notiere, was man im Text über Yolandas Herkunft und ihren Werdegang erfährt.

   _____

   _____

   _____

   _____

4. Yolanda glaubt, sie habe sich schon eine „dicke Haut zugelegt" (Z. 47). Erkläre, was sie damit meint.

    _____

    _____

    _____

    _____

5. Manchmal klagt Yolanda zu Hause über rassistische Äußerungen, die sie zu hören bekommt. Beschreibe die Reaktion, die ihre Mutter dann zeigt.

    _____

    _____

6. Es heißt im Text: „Manchmal wird der Ton […] auch härter." (Z. 49) Erläutere anhand von Beispielen, was damit gemeint ist.

    _____

    _____

    _____

    _____

    _____

    _____

    _____

7. Erkläre die Unterschiede zwischen Alltagsrassismus und institutionellem Rassismus. Führe Beispiele an.

    Alltagsrassismus: _____

    _____

    _____

    _____

    _____

    Institutioneller Rassismus: _____

    _____

    _____

    _____

3 Die Absicht des Verfassers/der Verfasserin erkennen

*Interaktive Aufgaben:
Leseverstehen üben*

Es ist wichtig, dass du durchschaust, welche **Absicht** Verfasser*innen mit ihren Texten verfolgen, denn nur dann kannst du die Texte richtig verstehen.

*Flashcards:
Wichtiges wiederholen*

Absichten des Verfassers/der Verfasserin	
informieren	Der*die Verfasser*in formuliert Informationen **sachlich** und **neutral**.
kommentieren	Er*sie sagt klar, was er*sie über ein Thema denkt, und äußert **seine*ihre Meinung** dazu.
appellieren	Er*sie **fordert** die Leser*innen dazu **auf**, etwas zu tun oder zu unterlassen.
anleiten	Er*sie **erklärt Schritt für Schritt**, wie man vorgehen muss, um etwas zu tun.
unterhalten	Er*sie will, dass die Leser*innen **Vergnügen** oder Spannung empfinden.

Tipp

Manche Autorinnen und Autoren verfolgen mit ihren Texten **mehrere Absichten**. Beispielsweise werden Verfasser*innen von Sachbüchern wahrscheinlich Wert darauf legen, dass sich ihre Leser*innen beim Lesen nicht nur informiert, sondern auch unterhalten fühlen. Frage dich in diesem Fall, **welche Absicht bedeutsamer** ist: die der Information oder die der Unterhaltung.

Welche Absicht verfolgt der Verfasser?
Ordne passend zu, indem du die Buchstaben in die linke Spalte einträgst.

Übung 5

A. informieren
B. appellieren
C. unterhalten
D. kommentieren
E. anleiten

Absicht	Der Verfasser ...
	erzählt sehr anschaulich und lebendig von seinen Erlebnissen während einer Reise in die Türkei.
	teilt den Leserinnen und Lesern mit, dass es am frühen Morgen bei dichtem Nebel auf der Autobahn A 10 zu einer Massenkarambolage gekommen ist.
	erklärt den Leserinnen und Lesern, wie sie vorgehen müssen, um bei einem neuen Fernseher die einzelnen Sender zu programmieren.
	kritisiert, dass es immer wieder Zugausfälle im S-Bahn-Verkehr gibt.
	rät den Leserinnen und Lesern, in der kalten Jahreszeit auf angemessene Kleidung zu achten.

*Digitales Glossar:
Begriffe nachschlagen*

4 Textsorten unterscheiden

Nicht immer geben Verfasser*innen direkt zu erkennen, welche Absicht sie mit einem Text verfolgen. Dann musst du das anhand der Darstellung erschließen. Jede Textsorte weist nämlich **bestimmte Merkmale** auf.

Tipp

> Wenn du die wesentlichen **Textsorten** sicher unterscheiden kannst, hilft dir das beim Verstehen, denn dann weißt du, welche Merkmale bestimmte Texte haben, und kannst gezielt darauf achten.

*Merkmale der
verschiedenen
Sachtextsorten*

▶ **Bericht**

Mit einem Bericht wird **sachlich** und **neutral** über einen Sachverhalt **informiert**. Es wird nur gesagt, was geschehen ist. Der erste Abschnitt beantwortet diese vier **W-Fragen:** *Wer? Was? Wo? Wann?* Im zweiten Abschnitt werden genauere Auskünfte erteilt, um auch die Fragen nach dem *Wie?* und *Warum?* zu beantworten. Berichte stehen in der Regel im **Präteritum**.

▶ **Reportage**

Auch eine Reportage **informiert** über ein Thema. Die Darstellung ist aber nicht so nüchtern und sachlich wie in einem Bericht, sondern **anschaulich** und **lebendig**. Die Verfasser*innen richten ihren Blick abwechselnd auf allgemeine Sachverhalte (z. B. auf die generelle Lage einer Bevölkerungsgruppe) und auf veranschaulichende Einzelfälle (z. B. die persönliche Lage einer Familie). Reportagen sind üblicherweise im **Präsens** verfasst. Dadurch wird der Eindruck erweckt, dass die Verfasser*innen direkt vor Ort sind.

▶ **Interview**

Ein Interview gibt den Ablauf eines Gesprächs in Form eines **Dialogs** wieder: Vertreter*innen der Zeitung stellen einer Person Fragen, die diese beantwortet. Sowohl die Fragen als auch die Antworten werden abgedruckt. Damit das Interview natürlich wirkt, werden **umgangssprachliche Äußerungen** manchmal nicht „geglättet".

▶ **Kommentar**

Mit einem Kommentar äußern die Verfasser*innen ihre **Meinung** zu einem Thema. Oft erinnern sie die Leser*innen an ein Ereignis oder eine Entwicklung, indem sie noch einmal kurz das Wesentliche zusammenfassen oder auf den aktuellen Stand verweisen. Danach sagen sie, was sie darüber denken, und nennen die wesentlichen Gründe für ihre Meinung. Die meisten Kommentare enthalten **eher Kritik als Lob**. Meinungsäußerungen stehen meist im **Präsens**.

▶ **Glosse**

Mit einer Glosse äußern Verfasser*innen – ähnlich wie mit einem Kommentar – ihre **Meinung** zu einem **aktuellen Thema**. Im Unterschied zum Kommentar ist die Glosse aber zugleich **kritisch** und **humorvoll**. Oft übertreiben die Verfasser*innen in ihrer Darstellung. Gegen Ende gibt es meist eine **überraschende Wende** (eine Pointe). Glossen können im **Präteritum** oder im **Präsens** stehen.

Welches Merkmal passt zu welcher Textsorte? Kreuze entsprechend an.

Hinweis: Einige Merkmale lassen sich mehr als einer Textsorte zuordnen.

Übung 6

Die Darstellung …	Bericht	Reportage	Interview	Kommentar	Glosse
a) wirkt anschaulich.	☐	☐	☐	☐	☐
b) wirkt sachlich und neutral.	☐	☐	☐	☐	☐
c) wirkt humorvoll.	☐	☐	☐	☐	☐
d) wirkt kritisch.	☐	☐	☐	☐	☐
e) wirkt übertrieben.	☐	☐	☐	☐	☐
f) zeigt die Meinung der Autorinnen und Autoren.	☐	☐	☐	☐	☐
g) erfolgt meist im Präteritum.	☐	☐	☐	☐	☐
h) erfolgt in der Regel im Präsens.	☐	☐	☐	☐	☐
i) strebt auf einen überraschenden Wendepunkt zu.	☐	☐	☐	☐	☐
j) entspricht der eines Dialogs.	☐	☐	☐	☐	☐
k) bezieht sich auf Einzelfälle, aber auch auf Grundsätzliches.	☐	☐	☐	☐	☐
l) enthält auch Umgangssprache.	☐	☐	☐	☐	☐

Übung 7

Die folgenden Texte befassen sich alle mit dem Thema „Graffiti". Bestimme die Textsorte und notiere jeweils die Merkmale, an denen du sie erkannt hast.

Text A

Polizei fasst Graffiti-Sprayer

Von einer zivilen Fußstreife wurden am Mittwochabend im Parkhaus an der Hindenburgstraße drei jugendliche Graffiti-Sprayer auf frischer Tat ertappt.

Die beiden Polizeibeamten waren gegen 19.20 Uhr auf ihrem Streifenweg in Richtung Fußgängerzone unterwegs und bemerkten im Treppenhaus die drei Jugendlichen, die gerade dabei waren, mithilfe von Farbsprühdosen die Innenwände des Parkhauses zu verunzieren. Die sichtlich verdutzten Jungen, zwei 15-Jährige aus Meinersen und Weyhausen sowie ein 16-Jähriger aus Gifhorn, ließen sich widerstandslos festnehmen. Bei der Durchsuchung ihrer mitgeführten Sachen fanden die Beamten umfangreiches Material in Form von Spraydosen, Stiften und Datenträgern mit Fotos vermutlich weiterer Tatorte. Die Ermittlungen hierzu dauern an.

Quelle: Thomas Reuter, Polizeiinspektion Gifhorn, 05. 01. 2017; http://www.presseportal.de/blaulicht/pm/56517/3528024

Textsorte: _____

Merkmale: _____

_____

Text B

Graffiti-Urgestein Loomit

Matthias Köhler, besser bekannt als Loomit, ist Sprayer der ersten Graffiti-Generation in Deutschland. Heute verdient Loomit mit Street Art[1] sein Geld. Ein Gespräch über die Kommerzialisierung[2] der Szene.

HP: Was ist dein Anspruch an deine Werke und deine Motivation dahinter?

Loomit: Es geht mir darum, dass ich als Graffiti-Sprüher Plätze im öffentlichen Raum besetze. Das ist der ganz normale Graffiti-Anspruch. Man möchte möglichst viele Leute erreichen – oder auf riesengroße Wände sprühen. Eine wirkliche Message[3] haben die wenigsten Graffitis. Das sind dann eher die Betrachter, die tiefphilosophische Ansätze zu den Bildern haben.

HP: Wenn jemand ein Graffiti auf eine Leinwand sprüht und diese in ein Museum hängt, ist das dann noch Street Art?

Loomit: Nein, das ist etwas anderes. Das ist ein Bild von Graffiti, aber keine Street Art, denn da fehlt ja die Straße! Für mich ist Street Art für jedermann zugänglich 365 Tage im Jahr, 24 Stunden am Tag. Du kannst Bier drauf verschütten, darüber malen oder es wegreißen, die Wand neu streichen. Wenn dein Bild wirklich der Öffentlichkeit zugänglich ist und du nicht mehr kontrollieren kannst, was damit passiert, dann ist es Graffiti oder Street Art.

Quelle: Bettina Menzel, Matthias Köhler: The Huffington Post, 11. 05. 2016; http://www.huffingtonpost.de/bettina-menzel/ich-bin-ein-mensch-der-strae---graffiti-urgestein-loomit-im-interview_b_7239758.html (aus didakt. Gründen stellenweise gekürzt)

Textsorte: _____

Merkmale: _____

_____

1 für jeden zugängliche Kunst im öffentlichen Raum (z. B. an Hauswänden)

2 Vorgang, bei dem aus (ideellen) Dingen mehr und mehr ein Geschäft gemacht wird

3 Botschaft, Aussage

Text C

Farbe, Folien, Laub – Entwicklungen in der Graffiti-Szene

In der Nähe der East Side Gallery – einem mittlerweile bunt bemalten Abschnitt der Berliner Mauer – packt Daniel Ihrke seine Farbdosen aus. Der Graffiti-Sprayer hat sich an diesem grauen Wintermorgen einen besonderen Ort ausgesucht: die Oberbaumbrücke zwischen Friedrichshain und Kreuzberg. Würde er bei helllichtem Tag die Brücke besprühen, wäre ihm Ärger sicher. Doch Ihrke bringt selbst mit, was man seine Leinwand nennen könnte: Klarsichtfolie, die er zwischen Bögen auf der Brücke spannt. „So kann man sich andere Kulissen zum Sprayen aussuchen", sagt der 28-Jährige. Fremde Wände und Türen bleiben verschont.

Ihrke hat sich die Folien-Technik vor wenigen Jahren aus Frankreich abgeguckt, wie er erzählt. Fotos zeigen Graffiti im Wald, auf Folie zwischen Bäumen. Auf einem Bahnsteig legte Ihrke selbst mit Folie los und hat seitdem nach eigenen Angaben keine ernsthaften Probleme mit seinen vergänglichen Werken bekommen. Manchmal rücke zwar die Polizei an, belasse es aber bei der Aufnahme der Personalien. Bleibende Schäden durch Graffiti gibt es anderweitig genug: Allein in Berlin sind laut der für Bahnanlagen zuständigen Bundespolizei zwischen Januar und November 1 400 Fälle zur Anzeige gebracht worden.

Quelle: Gisela Gross, Berliner Morgenpost am 19. 12. 2016; http://www.morgenpost.de/berlin/article209024335/KORR-Bericht-Farbe-Folien-Laub-Entwicklungen-in-der-Graffiti-Szene.html (aus didaktischen Gründen stellenweise gekürzt)

Textsorte: _____

Merkmale: _____

_____

Text D

Graffiti im Wald

„Ich ging im Walde so vor mich hin, und nichts zu suchen, das war mein Sinn"[1]. Wir wissen, wen der Waldspaziergänger Goethe mit dem Blümlein im Schatten meinte, das er mit allen Wurzeln aushebt und wieder am stillen Ort pflanzt, wo es ihm nun immer zweigt und blüht. Auch ich ging im Duisburger Umlandwalde so vor mich hin, nicht Blümlein – Graffiti verstören den Sinn.

Da haben doch tatsächlich freche Sprayer die Orientierungstafel „Erholungsgebiet Angertal" kräftig umgestaltet! Von Weg- und Flurbezeichnungen ist nichts mehr zu erkennen.

Blau, rot und schwarz glühende Flächen, Linien und Buchstaben überlagern die ehedem[2] grüne Wanderkarte vollständig. Der Zorn über Schmierereien sogar in der Waldabgeschiedenheit legt sich rasch. Je länger ich mich in die bunte Tafel im Schatten vertiefe, desto mehr erliege ich ihrem ästhetischen[3] Reiz. Ich habe ein Kunstwerk gefunden! Und tröste in Gedanken die Wanderer: Wer auf diesen Waldweg gestoßen ist, der findet auch ohne Orientierungstafel wieder zurück. Das Waldbild aber wirkt und glüht mir immerfort.

1 Anfang des Gedichts „Gefunden" von Johann Wolfgang von Goethe

2 ehedem: vormals

3 ästhetisch: schön anzusehen

Quelle: Hans-Otto Schenk: Graffiti im Walde, aus: Hans-Otto Schenk: Stadtrandnotizen, Anno Verlag 2013

Textsorte: _____

Merkmale: _____

Text E

Lasst die Kunst frei

Manchmal freut man sich, wenn man auf einer Bahnfahrt an schäbigen Hinterhoffronten farbenfrohe Kunstwerke entdeckt. Und manchmal ärgert man sich, wenn frisch renovierte Fassaden schon wieder mit Kritzeleien überzogen sind. Ob illegale Graffiti-Sprayer es entspannt hinnähmen, wenn man ihr Auto über Nacht mit rosa Blümchen bemalte? Wohl nicht.

Die Frage, ob das Kunst ist, oder ob man da mit dem Sandstrahler oder Wandfarbe drübergehen darf, beantwortet das Grundgesetz. Es stellt Eigentum unter Schutz. In Deutschland wenden Immobilienbesitzer jährlich Hunderte Millionen Euro auf, um unerwünschte Kunstwerke entfernen zu lassen. Wer sich also gegen Graffiti wehrt und Anzeige erstattet, hat dazu jedes Recht. Klug sind die Kommunen und Unternehmen, die den Sprühdosenaktivisten freiwillig schön große Beton-Leinwände an gut einsehbarer Stelle zur Verfügung stellen. Kunst kann sich hier frei entfalten, die Kreativität, die es hinausdrängt, ist nicht mit Instandsetzungskosten verbunden. Und junge Leute, die die Folgen ihres Handelns vielleicht noch nicht in vollem Umfang absehen können, werden nicht über Nacht zu Straftätern.

Quelle: Claudia Bockholt, Mittelbayerische Zeitung am 11. 09. 2016; http://www.mittelbayerische.de/panorama-nachrichten/lasst-die-kunst-frei-21934-art1429074.html (aus didaktischen Gründen stellenweise gekürzt)

Textsorte: _____

Merkmale: _____

_____

5 Tabellen und Diagramme auswerten

Bei nichtlinearen Texten handelt es sich um eine besondere Art von Sachtexten. Sie stellen sehr **übersichtlich** dar, wie häufig etwas vorkommt. Alles, was sich messen und klar zuordnen lässt, kann Thema eines nichtlinearen Textes sein. *Wie oft? Wie lange? Wie viel?* Das sind mögliche Fragen, die beantwortet werden. Man unterscheidet bei nichtlinearen Texten zwischen **Tabellen** und **Diagrammen**.

Tabellen

Tabellen listen Zahlen übersichtlich in **Spalten** und **Zeilen** auf. Es werden entweder Kardinalzahlen (z. B. 500 oder 1 000) oder Prozentzahlen angegeben.

Text A

Beispiel

Wichtige Apps Top 5
– bis zu drei Nennungen ohne Antwortvorgabe –

	12–13 Jahre	14–15 Jahre	16–17 Jahre	18–19 Jahre
Rang 1	WhatsApp (74 %)	WhatsApp (79 %)	WhatsApp (80 %)	WhatsApp (83 %)
Rang 2	YouTube & TikTok (jew. 31 %)	TikTok & Instagram (jew. 27 %)	Instagram (33 %)	Instagram (44 %)
Rang 3			YouTube & TikTok (jew. 22 %)	YouTube (19 %)
Rang 4	YouTube (22 %)	YouTube (22 %)		TikTok (18 %)
Rang 5	Instagram (19 %)	Snapchat (20 %)	Snapchat (17 %)	Snapchat (17 %)

Basis: Befragte, die ein Handy/Smartphone besitzen, n = 1 155
Daten nach: JIM 2022, Angaben in Prozent

Quelle: JIM Studie 2022 © Medienpädagogischer Forschungsverband Südwest

Diagramme

Diagramme stellen Zahlen in Form von **Grafiken** dar. Man bezeichnet sie entsprechend ihrer Darstellungsart. Die folgenden Diagrammarten kommen besonders häufig vor:

▶ Säulendiagramm
▶ Kreisdiagramm (oder: Tortendiagramm)
▶ Balkendiagramm
▶ Kurvendiagramm

▶ **Säulendiagramme**

Sie bilden Zahlen in Form von senkrechten Säulen ab. Häufig wird damit eine Entwicklung im Verlauf der Zeit gezeigt.

Beispiel **Text B**

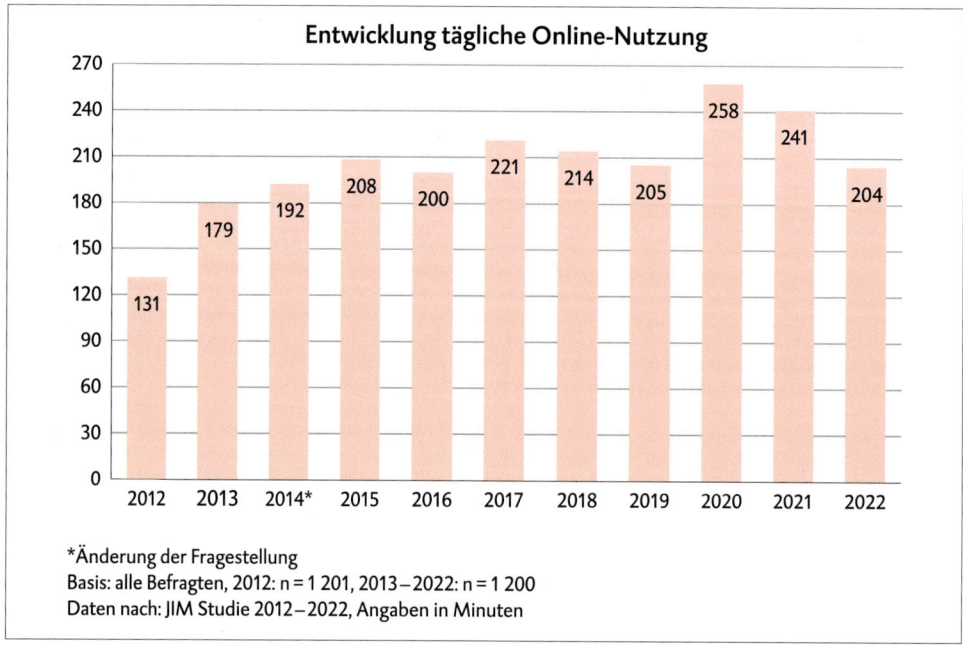

Quelle: JIM Studie 2022 © Medienpädagogischer Forschungsverband Südwest

▶ **Kreisdiagramme**

Sie bilden Zahlen in Form von Kreisausschnitten ab. Alle Kreisausschnitte ergeben zusammen genau 100 Prozent. Oft nennt man sie auch Tortendiagramm.

Beispiel **Text C**

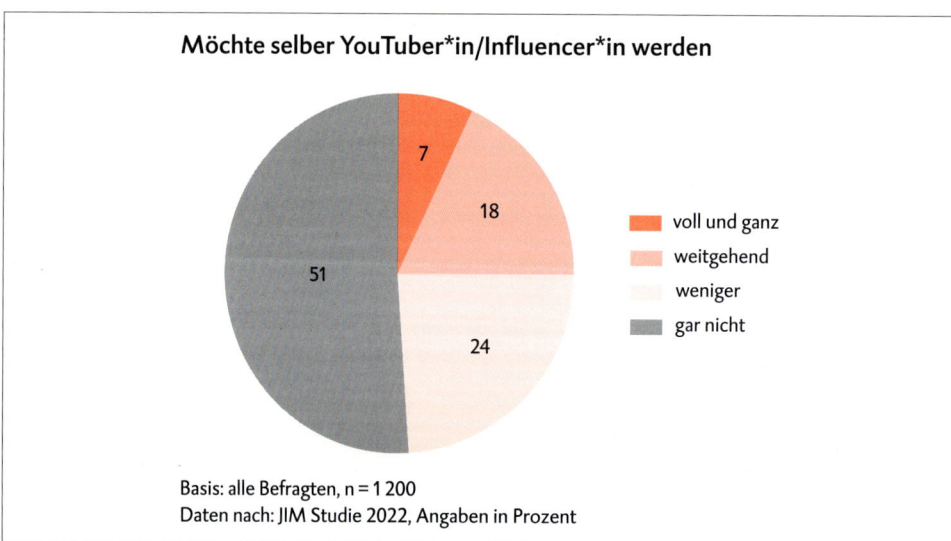

Quelle: JIM Studie 2022 © Medienpädagogischer Forschungsverband Südwest

▶ **Balkendiagramme**

Sie bilden Zahlen in Form von waagerechten Balken ab.

Text D

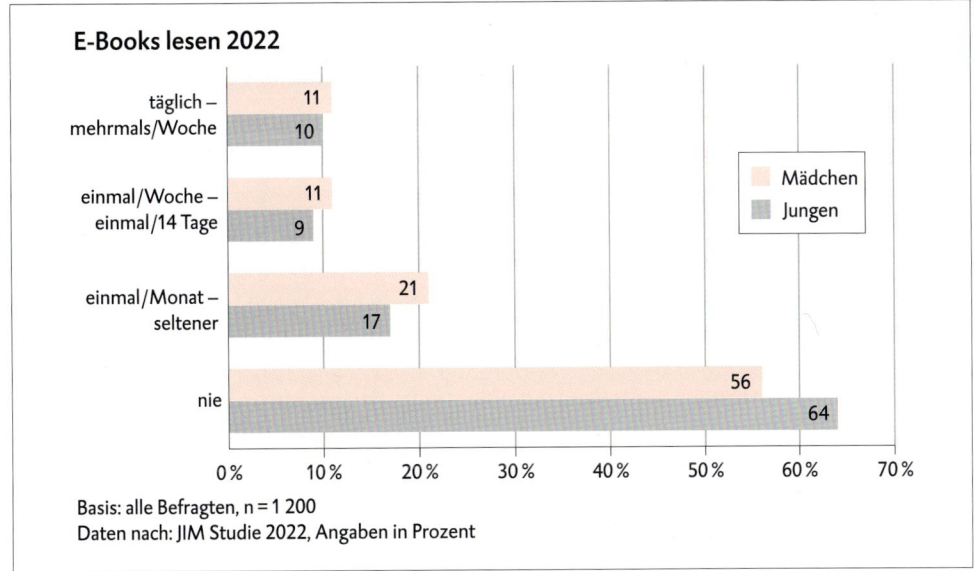

Quelle: JIM Studie 2022 © Medienpädagogischer Forschungsverband Südwest

▶ **Kurvendiagramme**

Sie bilden Zahlen in Form von Kurven ab, die von links nach rechts verlaufen. Die Kurven stellen meist dar, wie sich Zahlen innerhalb eines bestimmten Zeitraums entwickelt haben.

Text E

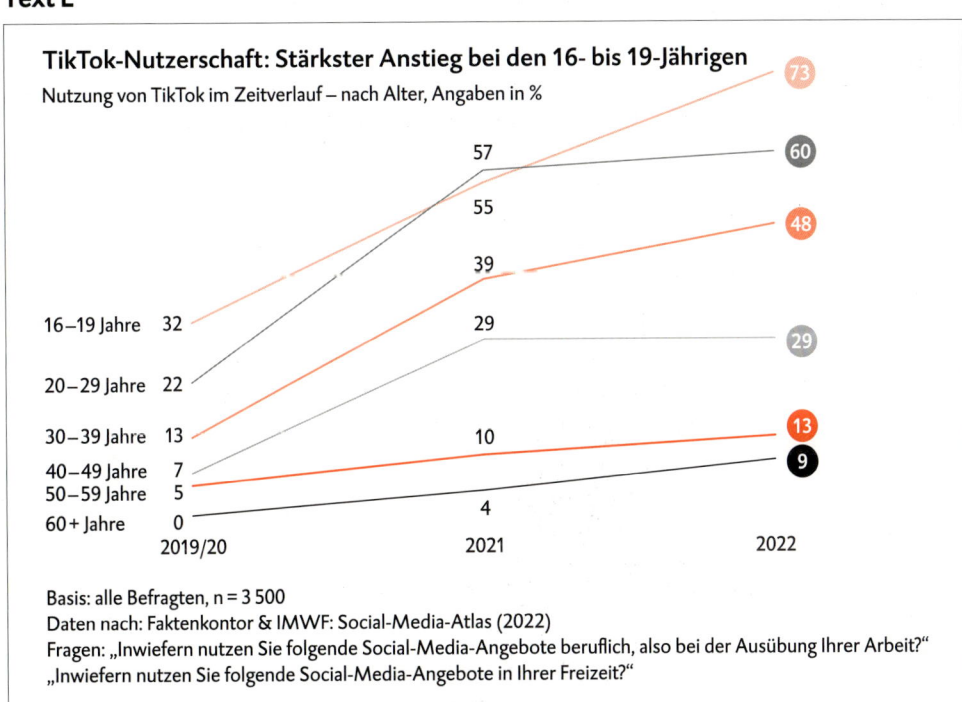

Quelle: Faktenkontor + IMWF: Social Media Atlas 2022

Schritt für
Schritt

Aufgaben zu nichtlinearen Texten bearbeiten

Arbeitsschritt **1**   Bestimme das **Thema** der Tabelle oder des Diagramms. Frage dich:
Worum geht es?
Entscheidende Hinweise zum Thema findest du in der Regel in der **Überschrift**.

Arbeitsschritt **2**   Beachte die **Legende**. Sie steht außerhalb des eigentlichen nichtlinearen Textes und vermittelt oft wichtige Informationen über den Personenkreis oder den Zeitpunkt, zu dem die Daten erhoben wurden.

Arbeitsschritt **3**   Beachte die **Bezugsgrößen**. Frage dich:
Um welchen Personenkreis geht es?
Wann wurden die Zahlen erhoben?
Auf welchen Zeitraum beziehen sich die Daten?

Arbeitsschritt **4**   Überlege, in welchen **Einheiten** die Zahlen angegeben sind: Handelt es sich um absolute Zahlen oder Prozentzahlen?

Arbeitsschritt **5**   Sieh dir die einzelnen Werte erst einmal flüchtig an. Achte dabei schon auf die **Extremwerte**, das heißt die Werte, die besonders hoch oder niedrig sind.

Arbeitsschritt **6**   Betrachte die Werte nun genauer. Beachte vor allem auffällige **Ähnlichkeiten** und **Unterschiede**.

Arbeitsschritt **7**   Bearbeite nun die **Aufgaben**, auf die sich Tabelle oder Diagramm beziehen.

Hinweis: Tabellen und Diagramme geben nur Häufigkeiten oder Mengen an. Die abgebildeten Werte beziehen sich immer auf einen bestimmten Zeitpunkt oder Zeitraum. Sie geben **keine** Auskünfte über **Ursachen**. Trotzdem lassen sich oft **Zusammenhänge** erkennen.

Tipp

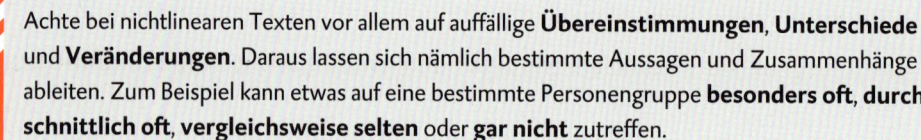

Achte bei nichtlinearen Texten vor allem auf auffällige **Übereinstimmungen**, **Unterschiede** und **Veränderungen**. Daraus lassen sich nämlich bestimmte Aussagen und Zusammenhänge ableiten. Zum Beispiel kann etwas auf eine bestimmte Personengruppe **besonders oft**, **durchschnittlich oft**, **vergleichsweise selten** oder **gar nicht** zutreffen.

Übung 8

Bearbeite die folgenden Aufgaben zu den nichtlinearen Texten aus den Beispielen.

1.   Nenne das Jahr, aus dem die Zahlen in der **Tabelle** stammen.

_____

2.   Nenne die App, die für alle Jugendlichen am wichtigsten ist.

_____

3.   Bestimme das Thema des **Balkendiagramms**.

_____

_____

4. Kreuze die Zeiteinheit an, die im **Säulendiagramm** zugrunde gelegt wurde.

   a) ☐ Sekunden

   b) ☐ Minuten

   c) ☐ Stunden

   d) ☐ Tage

5. Stelle mit eigenen Worten dar, was man aus dem **Säulendiagramm** herauslesen kann.

   _____

   _____

   _____

   _____

   _____

   _____

   _____

   _____

   _____

6. Nenne den Personenkreis, auf den sich die Zahlen aus dem **Kreisdiagramm** beziehen.

   _____

   _____

7. Kreuze alle Aussagen an, die aus dem **Kreisdiagramm** hervorgehen.

   a) ☐ 75 % der befragten Jugendlichen können sich eher nicht oder gar nicht vorstellen, selbst YouTuber*in oder Influencer*in zu werden.

   b) ☐ Es gibt mehr Jungen als Mädchen, die gerne einmal YouTuber*in oder Influencer*in werden wollen.

   c) ☐ Ein Viertel der befragten Jugendlichen kann sich vorstellen, später einmal selbst als YouTuber*in oder Influencer*in zu arbeiten.

   d) ☐ In der Gruppe der 12- bis 13-Jährigen will jede/jeder Zweite später einmal im Bereich Social Media arbeiten.

   e) ☐ 7 % der befragten Jugendlichen wollen später einmal unbedingt als YouTuber*in oder Influencer*in arbeiten.

8. Im **Balkendiagramm** geht es um das Lesen von E-Books. Bearbeite die folgenden Aufgaben dazu.

   a) Analysiere das Diagramm und erkläre, wie häufig Jungen E-Books nutzen.

           _____

           _____

           _____

   b) Welche Unterschiede gibt es bei der E-Book-Nutzung zwischen Jungen und Mädchen? Formuliere dazu einen Satz.

           _____

           _____

           _____

9. Welche Aussagen lassen sich aus dem **Kurvendiagramm** ablesen (R = richtig), welche sind falsch (F = falsch) und welche sind darin gar nicht enthalten (NE = nicht enthalten)?

Kreuze entsprechend an.

	R	F	NE
a) Die Nutzung von TikTok hat zwischen 2019 und 2021 in allen Altersgruppen zugenommen.	☐	☐	☐
b) Jugendliche, die jünger als 16 Jahre sind, nutzen TikTok nicht.	☐	☐	☐
c) Im Jahr 2021 haben nur 4% der Menschen, die 60 Jahre oder älter sind, TikTok genutzt.	☐	☐	☐
d) Über 75% aller 16- bis 19-Jährigen haben im Jahr 2022 TikTok genutzt.	☐	☐	☐
e) Bei den 20- bis 29-Jährigen ist die TikTok-Nutzung von 2021 bis 2022 um drei Prozentpunkte gestiegen.	☐	☐	☐
f) In der Altersgruppe der 50- bis 59-Jährigen ist die Nutzung von TikTok seit 2021 gesunken.	☐	☐	☐

Zweiter Prüfungsteil: Schreiben

Im zweiten Teil der Prüfung werden dir **zwei Schreibaufgaben** vorgelegt, von denen du **eine auswählen** und bearbeiten sollst. Als Grundlage für die Schreibaufgaben dienen Texte – entweder einer oder mehrere.

Aufgabentyp 4a findest du in jeder Prüfung. Bei der zweiten zur Wahl stehenden Schreibaufgabe handelt es sich entweder um **Aufgabentyp 2** oder um **Aufgabentyp 4b**. Genauere Informationen zum Aufbau der Prüfung findest du auf Seite 1.

▸ **Aufgabentyp 4a:** Einen literarischen Text analysieren und interpretieren

▸ **Aufgabentyp 2:** Auf der Grundlage von mehreren Sachtexten einen informierenden Text schreiben

▸ **Aufgabentyp 4b:** Zu einem Thema Informationen aus mehreren Texten ermitteln, vergleichen und bewerten

Jede Schreibaufgabe besteht aus mehreren Teilaufgaben, die du nacheinander bearbeitest. Auf diese Weise entsteht am Ende ein **zusammenhängender Text**.

6 Einen Text analysieren und interpretieren (Aufgabentyp 4a)

Interaktive Aufgaben: Einen Romanauszug analysieren und interpretieren

Textgrundlage ist bei diesem Aufgabentyp ein **Auszug aus einem Jugendroman**. Deine Aufgabe besteht darin, diesen Auszug zu **analysieren** und zu **interpretieren**. Dabei orientierst du dich an den Teilaufgaben, die vorgegeben sind.

Folgendes wird in der Regel von dir verlangt:

1. Als Erstes nennst du die **Textsorte**, den **Titel des Textes**, den **Namen des Verfassers oder der Verfasserin** und das **Erscheinungsjahr**. Außerdem bestimmst du das **Thema** des Textes.

2. Danach fasst du den **Inhalt** knapp zusammen.

3. Nun gehst du **genauer** auf **Einzelheiten** des Textes ein. Dir werden bestimmte Aspekte vorgegeben, zu denen du dich ausführlich äußern sollst. Damit **interpretierst** du den Text.

4. In einem Absatz untersuchst du den Text in Bezug auf **sprachliche Besonderheiten**. Hier beschreibst du auffällige sprachliche Mittel und äußerst dich zu deren Wirkung.

5. Am Schluss **rundest** du deine Darstellung **ab**: Entweder nimmst du die Sicht einer Person ein und stellst deren **Gedanken und Gefühle** dar. Oder du erhältst eine Aussage zum Text und schreibst dazu eine kurze **Stellungnahme**.

Lies den folgenden Textauszug aus dem Roman „Krummer Hund" von Juliane Pickel und die Beispielaufgabe darunter sorgfältig durch.

Juliane Pickel: Krummer Hund

Hundemörder

Hauptfigur des Romans ist der 15-jährige Daniel. Er leidet darunter, dass sein Vater die Familie von einem auf den anderen Tag verlassen hat, als er 10 Jahre alt war. Nur sein Hund Ozzy ist Daniel von seinem Vater geblieben. Diesen hat er von ihm geschenkt bekommen. Nun musste der schwer kranke Hund eingeschläfert werden.

1 Nachdem er meinen Hund umgebracht hat, fragt der Typ meine Mutter, ob sie am Abend mit ihm Sushi essen geht.

„Ich weiß ja gar nichts über Sie", sagt sie. „Außerdem haben Sie gerade ein Tier getötet. Geht man an so einem Tag in ein Restaurant?" Sie verschränkt die Arme vor der
5 Brust. „Um rohen Fisch zu essen?"

Der Doc lässt sich nicht aus der Ruhe bringen.

„Ich töte viele Tiere", sagt er mit einer Stimme, die so tief ist, dass ich seine Worte wie Bassschläge im Magen spüre. „Das ist mein Beruf." Mit geübten Händen räumt er seine Instrumente weg. „Wenn es danach ginge, könnte ich ja nie wieder etwas essen."
10 Meine Mutter betrachtet seine Hände – daran sehe ich, dass sie interessiert ist. Gesichter sind ihr nicht so wichtig, aber die Hände ihrer Männer müssen sauber sein – und groß. In die Pranken des Docs passt der ganze Kopf meines toten Hundes.

„Außerdem habe ich dem Hund einen Gefallen getan", sagt er jetzt.

Meine Mutter berührt mit der Hand ihr Haar – sie ist *sehr* interessiert. Vielleicht noch
15 mehr, weil er Arzt ist, wenn auch nur einer für Tiere.

Einen Arzt hatten wir noch nicht. Meist sind es Handwerker oder auch mal welche im Anzug, die irgendwas verkaufen.

Thomas König, Tierarzt steht auf einem Metallschild an der Eingangstür.

Thomas König, Hundemörder, denke ich.
20 Ich hasse beide dafür, dass sie über Sushi reden, während mein Hund, der gerade noch ein richtiger Hund war, jetzt groß und tot auf dem kalten Metalltisch liegt und seine Hundeseele wie ein aufgescheuchter Vogel durchs Zimmer fliegt und einen Ausgang sucht.

Er hatte Krebs. Wie ein Mensch.
25 Als wir heute hierherkamen, wusste ich trotzdem nicht, dass er nicht mehr nach Hause zurückkommen würde. Aber der Doc hat mir keine Wahl gelassen: „Bist du einverstanden, wenn ich ihn jetzt erlöse?"

Mir war natürlich klar, dass es darauf nur eine Antwort gibt. Aber dann ging alles so schnell und ich wusste nicht, wie ich mich verabschieden sollte. Wie verabschiedet man
30 einen Hund in den Tod? Als er seufzend in sich zusammengesackt ist, kapitulierend wie nach einer langen Schlacht, hatte ich das Gefühl, auf ganz miese Art hereingelegt worden zu sein.

Vorsichtig lege ich meine Hand auf seinen Bauch und mache die Augen zu. Er hieß Ozzy, nach Ozzy Osbourne, dem durchgeknallten Metal-Freak, der angeblich gerne mal
35 irgendwelchen Fledermäusen den Kopf abbeißt.

Mein Vater stand auf seine Musik, und er fand, dass der Hund dem Typen ähnlich sah. Was irgendwie auch stimmte – er hatte schwarzes zotteliges Fell, und in seinem Blick lag immer eine Spur seliger Dummheit.

Er hat ihn mir geschenkt, kurz bevor er weg ist damals. Da war ich zehn. Er hatte
40 Ozzy aus dem Tierheim geholt. Keiner wusste, wo er herkam oder wie alt er war.

„Er hat eine schwarze Seele", hat mein Vater gesagt, „aber er wird dich lieben. Hunde können gar nicht anders."

Und dann ist er in seinen Schrotthaufen von Auto gestiegen und ist weg, auf Nimmerwiedersehen. Wir haben nie wieder was von ihm gehört. Aber wenigstens war Ozzy
45 noch da, stinkend und hungrig und schwarz. Er war der hässlichste Hund der Welt, aber er war *mein* Hund und jetzt ist er tot und für eine Sekunde denke ich, dass ich es auch gerne wäre. [...]

Quelle: Juliane Pickel: Krummer Hund. Beltz Verlag, Weinheim/Basel 2021, S. 5–7

Mögliche Prüfungsaufgabe

Analysiere den Textauszug aus dem Roman „Krummer Hund" von Juliane Pickel.

Gehe so vor:

- Schreibe eine Einleitung, in der du Textsorte, Titel, Autorin und Erscheinungsjahr nennst und das Thema bestimmst.
- Fasse den Inhalt des Textes kurz zusammen.
- Stelle dar, welche Bedeutung der Hund für Daniel gehabt hat.
- Untersuche, wie durch sprachliche Mittel deutlich wird, dass Daniel wütend und traurig ist, nachdem der Tierarzt seinen Hund eingeschläfert hat (Z. 18–32).
  (Mögliche Aspekte: Wortwahl, Satzbau, stilistische Mittel)
- Erläutere, wie das Gespräch zwischen dem Tierarzt und der Mutter auf Daniel wirkt.
- Schreibe einen kurzen Text aus Daniels Sicht. Beschreibe darin seine Gedanken und Gefühle. Gehe auf diese Fragen ein:
  – Was geht ihm durch den Kopf, als er seinen toten Hund vor sich liegen sieht?
  – Was denkt er über sich selbst und sein eigenes Verhalten beim Tierarzt?
  Schreibe in der Ich-Form. Berücksichtige die Informationen, die der Textauszug gibt.

Wie du bei der Bearbeitung der einzelnen Teilaufgaben vorgehen kannst und worauf du achten solltest, erfährst du in den folgenden Abschnitten.

6.1 Den Inhalt eines literarischen Textes zusammenfassen

In diesem Kapitel erfährst du, wie du die folgenden Teilaufgaben aus der Musterprüfung bearbeiten kannst:

- **Teilaufgabe 1:** Schreibe eine Einleitung, in der du Textsorte, Titel, Autorin und Erscheinungsjahr nennst und das Thema bestimmst.
- **Teilaufgabe 2:** Fasse den Inhalt des Textes kurz zusammen.

Den Inhalt eines literarischen Textes fasst du zusammen, indem du kurz und knapp einen **Überblick** über den **Ablauf der Handlung** gibst. Gehe so vor:

Schritt für Schritt

Inhalt eines literarischen Textes zusammenfassen

Arbeitsschritt **1**   Nenne in der Einleitung die Textsorte, den Titel, den Namen der Autorin/des Autors und das Erscheinungsjahr. Bestimme außerdem das Thema des Textes.

Arbeitsschritt **2**   Stelle mit wenigen Sätzen den Ablauf des Geschehens dar. Dabei kannst du dich an diesen **W-Fragen** orientieren:
- **Wann** findet das Geschehen statt?
- **Wo** findet es statt?
- **Wer** ist daran beteiligt?
- **Was** passiert?
- **Wie** läuft die Handlung ab?

Die ersten vier W-Fragen beantwortest du in ca. zwei Sätzen. Danach stellst du den Ablauf dar, indem du kurz auf die wichtigsten Handlungsschritte eingehst.

Arbeitsschritt **3**   Runde deine Inhaltsangabe mit einem oder zwei Sätzen ab. Beispielsweise kannst du dich zum Ausgang des Geschehens äußern.

Achte bei der Sprache deiner Inhaltsangabe auf diese Punkte:

Auf einen Blick

Inhaltsangaben richtig gestalten

Sprachstil	Schreibe sachlich. Verwende keine Wörter, die Spannung erzeugen (wie z. B. „plötzlich"), und keine Formulierungen, die Gefühle ausdrücken (wie z. B. „leider"). Formuliere im Standarddeutsch.
Präsens	Die richtige Zeitform ist das Präsens. Bei Vorzeitigkeit verwendest du das Perfekt.
Eigene Worte	Benutze eigene Worte. Übernimm möglichst nicht die Formulierungen aus dem Text.
Zusammenhänge	Mach Zusammenhänge zwischen den einzelnen Handlungsschritten deutlich. Dazu nutzt du Konjunktionen (*obwohl, denn, …*) oder Adverbien (*vorher, deshalb, …*).
Indirekte Rede	Wenn du schreiben willst, was jemand sagt oder denkt, verwendest du die indirekte Rede.

Übung 9

Aufgaben

1. Beantworte die W-Fragen zu dem Textauszug aus dem Roman „Krummer Hund" von Juliane Pickel stichpunktartig.

Wo?   _____

Wer?   _____

Was?   _____

2. Notiere die wichtigsten Einzelheiten zum Ablauf der Handlung. Schreibe sie in Stichpunkten auf. Orientiere dich an der Reihenfolge, die der Text vorgibt.

   Hinweis: Damit beantwortest du die letzte W-Frage (Wie?).

   - _____
   - _____
   - _____
   - _____
   - _____
   - _____

3. Stelle in einem Satz dar, wie der Textauszug endet.

   _____
   _____

4. Nutze deine Ergebnisse aus den Aufgaben 1, 2 und 3, um eine vollständige Inhaltsangabe zu schreiben. Verwende dafür ein eigenes Blatt.

6.2 Textstellen interpretieren

In diesem Kapitel erfährst du, wie du die folgenden Teilaufgaben aus der Musterprüfung bearbeiten kannst:
- **Teilaufgabe 3:** Stelle dar, welche Bedeutung der Hund für Daniel gehabt hat.
- **Teilaufgabe 5:** Erläutere, wie das Gespräch zwischen dem Tierarzt und der Mutter auf Daniel wirkt.

Wenn du einen Text **interpretieren** sollst, musst du zeigen, dass du ihn **verstanden** hast und den **tieferen Sinn** wiedergeben kannst. Oft beschreibt der Erzähler nur Äußerlichkeiten, z. B., was jemand tut oder sagt. Frage dich dann, was du am Verhalten dieser Person erkennen kannst. Um die Zusammenhänge zu verstehen, musst du meist mehrere Textstellen berücksichtigen.

 Wenn du den Sinn einer Textstelle nicht auf Anhieb verstehst, kannst du dir die **Warum-Frage** stellen. Oft hilft dir die Antwort darauf bei der Interpretation.

Tipp

Beispiel

Sie verschränkt die Arme vor der Brust. (Z. 4/5)
Warum-Frage: Warum verschränkt sie die Arme vor der Brust?
Deutung: Die verschränkten Arme sind wie eine Schranke. So schafft sie Abstand zum Tierarzt. Sie zeigt ihre ablehnende Einstellung dazu, dass der Arzt am selben Tag, an dem er den Hund getötet hat, mit ihr essen gehen will.

Schritt für Schritt

Aufgabe zur Interpretation lösen

Arbeitsschritt **1** Lies dir die **Aufgabenstellung** genau durch. Überlege, worauf du im Text eine Antwort finden sollst.

Arbeitsschritt **2** Suche nach Textstellen, die sich als Erklärung für die Fragestellung eignen. **Unterstreiche** sie.

Arbeitsschritt **3** Wähle mindestens zwei Textstellen aus, die du markiert hast. „Übersetze" die Informationen daraus in deine **eigene Sprache** und erkläre, wie sie zu verstehen sind.

Hinweis: Wenn du erklärst, wie eine Textstelle zu verstehen ist, solltest du dich von der Formulierung im Text lösen. Versuche mit eigenen Worten auszudrücken, wie die Aussage zu verstehen ist.

Wenn du dich auf eine Textstelle beziehst, musst du immer angeben, wo sie im Text steht. Nenne jeweils die **Zeilennummer** (oder Zeilennummern, wenn die Textstelle länger ist).

Auf einen Blick

Textstellen zitieren	
Direktes Zitat	Wenn du eine Textstelle **Wort für Wort** genauso wiedergibst, wie sie im Text steht, musst du sie in Anführungszeichen setzen und die Textzeilen angeben. *Daniel fällt auf, dass der Tierarzt große Hände hat. Er denkt: „In die Pranken des Docs passt der ganze Kopf meines toten Hundes." (Z. 12)*
Indirektes Zitat	Gibst du eine Textstelle **sinngemäß** wieder (also in eigenen Worten), setzt du die Abkürzung *vgl.* vor die Zeilenangabe. Sie steht für das Wort „vergleiche" und zeigt an, dass du dich inhaltlich auf eine Aussage aus dem Text beziehst, diese aber nicht wortwörtlich wiedergibst. *Daniel glaubt, dass seine Mutter Interesse am Tierarzt hat (vgl. Z. 10).*

Übung 10

Aufgaben

1. Teilaufgabe 3 ist eine Aufgabe zur Interpretation. Sie lautet:

   Stelle dar, welche Bedeutung der Hund für Daniel gehabt hat.

   a) In den **Zeilen 33–47** erfährst du einiges über Daniels Hund. Sieh dir diesen Abschnitt genau an und unterstreiche darin alle Textstellen, in denen du Informationen über den Hund findest.

   b) Wähle zwei bis drei Textstellen aus, die du für deine Darstellung nutzen willst. Kennzeichne sie am Rand mit einem ✗.

   c) Schreibe einen vollständigen Absatz, in dem du darstellst, was der Hund für Daniel bedeutet hat. Beziehe dich dabei auf die Textstellen, die du ausgewählt hast.

   _____

   _____

   _____

   _____

   _____

_____

_____

_____

_____

_____

_____

_____

_____

_____

2. Auch Teilaufgabe 5 ist eine Aufgabe zur Interpretation. Sie lautet:
   Erläutere, wie das Gespräch zwischen dem Tierarzt und seiner Mutter auf Daniel wirkt.

   Verfahre wie bei Aufgabe 1:

   a) Unterstreiche in den **Zeilen 1–21** alle Textstellen, in denen du Informationen findest, die zur Fragestellung passen.

   b) Wähle zwei bis drei Textstellen aus, auf die du dich beziehen willst. Kennzeichne sie am Rand mit einem ✗.

   c) Schreibe einen vollständigen Absatz zu Teilaufgabe 5.

   _____

   _____

   _____

   _____

   _____

   _____

   _____

   _____

   _____

   _____

   _____

   _____

   _____

   _____

6.3 Sprachliche Mittel analysieren

In diesem Kapitel erfährst du, wie du die folgende Teilaufgabe aus der Musterprüfung bearbeiten kannst:

- **Teilaufgabe 4:** Untersuche, wie durch sprachliche Mittel deutlich wird, dass Daniel wütend und traurig ist, nachdem der Tierarzt seinen Hund eingeschläfert hat (Z. 18–32). *(Mögliche Aspekte: Wortwahl, Satzbau, stilistische Mittel)*

Bei der Analyse eines Textes musst du auch auf **sprachliche Besonderheiten** achten. In der Regel zielt eine Teilaufgabe in der Prüfung auf die Untersuchung der **sprachlichen Mittel** in einem vorgegebenen Textabschnitt ab. Wichtig: Es genügt nicht, dass du die sprachlichen Mittel, die du im Text entdeckst, einfach nur aufzählst! Du musst dich auch dazu äußern, welche **Wirkung** davon ausgeht.

Hier findest du wichtige sprachliche Mittel und ihre mögliche Wirkung:

Digitales Glossar: Begriffe nachschlagen

Sprachliche Mittel	Im Text liest man …	Mögliche Wirkung
Wortwahl	• **umgangssprachliche Wörter**, z. B. *Kohle* für *Geld*	lässig, auflockernd, salopp
	• **Anglizismen** (Wörter aus dem Englischen), z. B. *cool, weird*	lässig, modern, flapsig
	• **viele/ausdrucksstarke Adjektive**, z. B.: *Die kleinen Kinder spielten fröhlich im sommerlichen Garten.*	lebendig, bunt, anschaulich
	• **keine Adjektive**, z. B.: *Die Kinder spielten im Garten.*	nüchtern, kühl, sachlich
	• **Übertreibungen**, z. B.: *Ich habe schon eine Ewigkeit auf dich gewartet.*	Betonung, Hervorhebung
Satzbau	• **unvollständige Sätze**, z. B.: *Keine Ahnung.* statt *Ich habe keine Ahnung.*	wortkarg, familiär, wie mündliche Sprache
	• **kurze Sätze**, z. B.: *Es ist spät. Ich gehe jetzt.*	klar, sachlich, abgehackt
	• **längere Sätze** und **Satzgefüge**, z. B.: *Wenn es dir recht ist, komme ich so schnell wie möglich wieder.*	korrekt, sorgfältig, genau, höflich
	• **Häufung von Fragen**, z. B.: *Was ist hier los? Warum ist keiner da? Wo sind alle?*	Unsicherheit, Unklarheit
	• **Wiederholung gleicher Satzanfänge (= Anapher)**, z. B.: *Er lief die Straße hinab. Er lief schnell. Er lief, bis er nicht mehr konnte.*	Betonung, Hervorhebung
Redewiedergabe	• **wörtliche Rede**, z. B.: *„Wo kommst du denn her?"*, fragte die Mutter ihren Sohn.	lebendig, anschaulich
	• **indirekte Rede**, z. B.: *Sie sagte, sie sei mit diesem Vorschlag nicht einverstanden.*	nüchtern, sachlich
Sprachbilder	• **Vergleich**, z. B.: *kalt wie Eis*	Sprachbilder wirken anschaulich, lebendig. Frage dich, bezüglich jedes Sprachbilds, welche Vorstellungen es weckt: positive (z. B. friedlich, kraftvoll) oder negative (z. B. hässlich, bedrohlich, trostlos)?
	• **Metapher**, z. B.: *ein Meer von Blumen*	
	• **Personifikation**, z. B.: *Der Wind heulte.*	
	• **Klimax**, z. B.: *Erst waren es nur Tropfen, dann eine Pfütze, schließlich ein ganzer See.*	
	• **Symbol**, z. B. steht eine *Taube* für Frieden und ein *Herz* für die Liebe.	
Ironie	das **Gegenteil** von dem, was gemeint ist, z. B.: *„Das hast du ja gut hingekriegt!"* (wenn jemand etwas falsch gemacht hat)	Der Sprecher macht sich humorvoll über etwas lustig, das er eigentlich kritisiert.

Um herauszufinden, welche sprachlichen Besonderheiten den Text auszeichnen und wie sie wirken, gehst du so vor:

Sprachliche Mittel analysieren

Schritt für Schritt

Arbeitsschritt **1**   Lies die vorgegebene Textstelle sorgfältig durch. Markiere alle Formulierungen, die dir **sprachlich ins Auge stechen** und die zur Aufgabenstellung passen. Das können einzelne Wörter, aber auch Wortgruppen oder ganze Sätze sein.

Arbeitsschritt **2**   Notiere am Rand jeweils den passenden **Fachbegriff** (z. B. *Wortwiederholung*, *unvollständiger Satz* oder *Vergleich*).

Arbeitsschritt **3**   Ergänze darunter Stichworte zur **Wirkung** dieser sprachlichen Mittel. Am besten stellst du dir dazu jeweils folgende Fragen: Wie wirkt die Formulierung? Klingt sie lustig, traurig, sachlich, wütend …?

Arbeitsschritt **4**   Schreibe zu jedem sprachlichen Mittel, auf das du eingehen willst, einen **vollständigen Absatz**. Strukturiere ihn so: Formuliere als Erstes eine Aussage zu der sprachlichen Besonderheit, die dir aufgefallen ist. Nenne dabei den entsprechenden Fachbegriff. Beziehe dich zum Beleg auf eine Textstelle (Zeilenangabe nicht vergessen!). Anschließend erklärst du, welche Wirkung davon ausgeht.

Beispiel

Der Ich-Erzähler verwendet ab und zu umgangssprachliche Wörter. Den Musiker Ozzy Osbourne bezeichnet er z. B. als „durchgeknallten Metal-Freak" (Z. 34). Das klingt lässig und wirkt so, als wolle er sich seine Traurigkeit nicht anmerken lassen.

Tipp

Wenn du nicht sicher bist, welche **Wirkung** von einzelnen Wörtern ausgeht, solltest du die entsprechende Textstelle **laut lesen**. Dann kannst du hören, wie die Worte klingen. (In der Prüfung kannst du eine Textstelle natürlich nur in deinem Inneren lesen.) Außerdem solltest du immer auch den **Textzusammenhang** berücksichtigen, also darauf achten, was vor und nach der Stelle steht, die du gerade analysierst.

Aufgaben

Übung 11

1. Untersuche die **Wortwahl** in den Zeilen 18–32.

   a) Notiere die Bezeichnungen, die Daniel für den Arzt verwendet.
   Gehe so vor:
   - Unterstreiche diese Wörter im Text.
   - Trage sie in die Tabelle ein und notiere für jedes Wort die Zeilenangabe.
   - Kreuze dann jeweils an, ob es der Standardsprache oder der Umgangssprache angehört.

Bezeichnung im Text	Zeile	Standardsprache	Umgangssprache
		☐	☐
		☐	☐
		☐	☐

b) Formuliere nun dein Ergebnis: Schreibe auf, was für Bezeichnungen vorkommen, und erkläre anschließend die Wirkung dieser Wörter.

_____

_____

_____

_____

_____

_____

_____

_____

_____

_____

2. Sieh dir die **Adjektive** an, die im folgenden Satz unterstrichen sind, und bearbeite die nachfolgenden Aufgaben.

„Ich hasse beide dafür, dass sie über Sushi reden, während mein Hund, der gerade noch ein <u>richtiger</u> Hund war, jetzt <u>groß</u> und <u>tot</u> auf dem <u>kalten</u> Metalltisch liegt [...]" (Z. 20/21).

a) In Z. 21 sagt der Ich-Erzähler, dass Ozzy „gerade noch ein richtiger Hund war".

- Erkläre in einem Satz, was er damit meint.

  _____

  _____

- Notiere ein anderes Adjektiv, das er anstatt des Adjektivs _richtig_ verwenden könnte.

  _____

b) Die Adjektive _groß_, _tot_ und _kalt_ folgen direkt aufeinander und fallen deshalb besonders auf. Überlege, was die Anhäufung dieser Adjektive über Daniels Gefühle zeigt.
Kreuze die richtige Aussage an.

Die Adjektive zeigen, dass Daniel diese Gefühle empfindet:

☐ Unsicherheit und Gleichgültigkeit

☐ Trauer und Wut

☐ Erleichterung und Freude

☐ Einsicht und Verständnis

3. Analysiere die **sprachlichen Mittel** in den folgenden Sätzen.

   a) Welche sprachlichen Mittel liegen bei den unterstrichenen Stellen jeweils vor?
      Kreuze an.
      Hinweis: Bei einem der Beispiele musst du zwei Antworten ankreuzen!

      „Ich hasse beide dafür, dass sie über Sushi reden, während mein Hund, der ge-
      rade noch ein richtiger Hund war, jetzt groß und tot auf dem kalten Metall-
      tisch liegt und <u>seine Hundeseele wie ein aufgescheuchter Vogel durchs Zimmer</u>
      <u>fliegt und einen Ausgang sucht</u>.“ (Z. 20–23)

      ☐ Metapher

      ☐ Vergleich

      ☐ Symbol

      ☐ Übertreibung

      „Als er seufzend in sich zusammengesackt ist, <u>kapitulierend wie nach einer</u>
      <u>langen Schlacht</u>, hatte ich das Gefühl, auf ganz miese Art hereingelegt worden
      zu sein.“ (Z. 30–32)

      ☐ Metapher

      ☐ Vergleich

      ☐ Symbol

      ☐ Übertreibung

   b) Erkläre, was mit diesen beiden Sprachbildern gemeint ist.

      Erstes Sprachbild:

      _____

      _____

      _____

      _____

      _____

      Zweites Sprachbild:

      _____

      _____

      _____

      _____

      _____

c) Ergänze in diesem Satz zur Wirkung der Sprachbilder die fehlenden Wörter.

Mit beiden Sprachbildern gibt der _____ zu

verstehen, dass er durch den unerwarteten _____ seines

_____ tief getroffen ist.

4. Lies dir den ganzen Abschnitt (Z. 18–32) noch einmal durch. Nimm nun Zeile 24 genauer in den Blick.

a) Kreuze die Satzarten an, die in Zeile 24 vorkommen.

Es kommt ein …

☐ kurzer Hauptsatz vor.

☐ längerer Hauptsatz vor.

☐ Satzgefüge vor.

☐ unvollständiger Satz vor.

b) Erkläre, inwiefern sich der Satzbau in dieser Zeile vom Satzbau in den vorhergehenden Zeilen unterscheidet. Formuliere dazu einen Satz.

_____

_____

c) Überlege, wie Zeile 24 wirkt. Kreuze bei jeder der folgenden Aussagen an, ob sie zutrifft oder nicht.

	trifft zu	trifft nicht zu
Sie fällt auf.	☐	☐
Sie klingt falsch.	☐	☐
Sie wirkt wie mündlich gesprochen.	☐	☐
Sie ist schwer zu verstehen.	☐	☐

d) Kreuze an, was der Ich-Erzähler mit dieser Textstelle zum Ausdruck bringt.
Hinweis: Du musst hier zwei Antworten ankreuzen.

☐ Der Hund muss nun endlich nicht mehr leiden.

☐ Ozzy war mehr als ein Tier für ihn.

☐ Ozzy war nun mal nicht zu retten.

☐ Auch Hunde können schwer krank werden.

5. Nutze deine Ergebnisse aus den Aufgaben 1 bis 4 und schreibe auf ein eigenes Blatt einen zusammenhängenden Text zu Teilaufgabe 4.

Hinweis: Du brauchst nicht alle Ergebnisse aus den Aufgaben 1 bis 4 verwenden. Es genügt, wenn du dich auf drei auffällige Textstellen beziehst.

6.4 Einen Text in der Ich-Form verfassen

In diesem Kapitel erfährst du, wie du die folgende Teilaufgabe aus der Musterprüfung bearbeiten kannst:

- **Teilaufgabe 5:** Schreibe einen kurzen Text aus Daniels Sicht. Gehe auf diese Fragen ein:
  - Was geht ihm durch den Kopf, als er seinen toten Hund vor sich liegen sieht?
  - Was denkt er über sich selbst und sein eigenes Verhalten beim Tierarzt?

  Schreibe in der Ich-Form. Berücksichtige die Informationen, die der Textauszug gibt.

In der letzten Teilaufgabe musst du in der Regel entweder eine **knappe Stellungnahme** zu einer vorgegebenen Aussage schreiben oder einen kurzen Text aus der Sicht einer Person verfassen. Wie du eine Stellungnahme schreibst, erfährst du in Kapitel 10.4 (siehe S. 68). Im Folgenden wird dir gezeigt, wie du vorgehen kannst, um die **Sicht einer bestimmten Person** einzunehmen und deren Gedanken und Gefühle darzustellen.

Versetze dich in die Figur hinein, aus deren Sicht du einen Text schreiben sollst. Stelle dir dazu folgende Fragen:

- ▶ In welcher Situation befindet sich die Figur? Was ist die **Ausgangssituation**?
- ▶ Welche Eigenschaften zeichnen die Figur aus? Was für einen **Charakter** hat sie?
- ▶ Was **beschäftigt** die Figur? Ist etwas Besonderes vorgefallen?
- ▶ Wie **fühlt** sich die Figur? Ist sie glücklich, empört, wütend, traurig …?
- ▶ Welche **Gedanken** gehen ihr durch den Kopf?
- ▶ Zu welchem **Ergebnis** gelangt die Figur? Wie stellt sie sich die Zukunft vor?

Laut Aufgabenstellung sollst du diesen Text in der **Ich-Form** schreiben. Die Sprache kann deshalb der **mündlichen Rede** angenähert sein. In der Regel schreibst du die Gedanken und Gefühle der Figur im **Präsens** auf. Wenn du über Vergangenes berichtest, wechselst du ins Präteritum oder Perfekt. Achte darauf, dass deine **Wortwahl** zu der Person passt, aus deren Sicht du schreibst. Falls du aus der Perspektive eines Jugendlichen schreibst, darfst du hin und wieder auch flapsige und jugendsprachliche Ausdrücke verwenden. (Übertreibe es aber nicht!) Sollst du dich in einen älteren Herrn hineinversetzen, musst du darauf verzichten und deine Sprache entsprechend anpassen.

Es gibt einige **sprachliche Besonderheiten**, die du verwenden kannst, um zu zeigen, dass du die Sicht einer Person eingenommen hast. Sie lassen deinen Text lebendig wirken.

Auf einen Blick

Typische sprachliche Mittel für die Darstellung in der Ich-Form	
unvollständige Sätze	Einfach furchtbar! Nicht zu fassen!
Fragen an sich selbst	Wer hätte das gedacht? Was soll ich jetzt bloß machen?
Umgangssprache/Jugendsprache	Das war absolut uncool. Es nervt.
Ausrufesätze	Das darf nicht wahr sein! Dagegen muss ich protestieren!
Wiederholungen	Ich hab's geahnt. Ich hab's ja geahnt!

Übung 12

Versetze dich in Daniel hinein und schreibe einen vollständigen Absatz zu Teilaufgabe 5. Es reicht aus, wenn du ca. 50 bis 80 Wörter schreibst.

Jetzt ist er weg aber ich bin noch hier und es gibt nichts was ich daran ändern kann. Mein Ozzy, hätte ich vielleicht ~~vor~~ vorher etwas gemacht es gab sicher ~~etwas~~ etwas was ich besser hätte machen können doch es ist jetzt zu spät. Ich hoffe er weis wie sehr ich ihn geliebt habe, ~~war~~ er war die eine gute Sache die mein nutzloservater mir gelassen hat. Vielleicht hätte ich besser reagieren können doch ich bin so sauer, auf dem idoten arzt, auf meine mutter das sie ihn mag, und auf mich selber weil ich zugestimmt habe.

7 Einen informierenden Text verfassen (Aufgabentyp 2)

Interaktive Aufgaben: Einen informierenden Text verfassen

In einem informierenden Text werden **wichtige Informationen** zu einem bestimmten Thema **vermittelt**. Um einen solchen Text zu schreiben, musst du dir vorher zu diesem Thema genügend **Wissen aneignen**, z. B. durch Recherchen im Internet, in Zeitungen usw. In der Prüfung bekommst du das Informationsmaterial zum Thema vorgelegt. Das sind in der Regel vier bis sechs Texte, die du vor dem Schreiben **sichten und auswerten** musst.

Lies dir die folgende Beispielaufgabe und die dazugehörigen Materialien aufmerksam durch.

Mögliche Prüfungsaufgabe

Wie wird es in Zukunft auf Deutschlands Straßen aussehen? Welche Fahrzeuge werden uns künftig von A nach B bringen? Mit Fragen wie diesen setzen sich die Klassenstufen 9 und 10 in einer Projektwoche zum Thema „Verkehrswende" auseinander. Zu diesem Thema wollt ihr ein Heft erstellen, das an interessierte Lehrkräfte und Schüler*innen verteilt werden soll. Du arbeitest in einer Gruppe mit, in der es um E-Scooter geht, also um kleine Roller, die elektrisch betrieben werden.

Verfasse auf der Grundlage der Materialien M 1 – M 6 einen informierenden Text über E-Scooter. Schreibe nicht einfach aus den Materialien ab, sondern achte auf eine eigenständige Darstellung in einem zusammenhängenden Text.

Gehe dabei so vor:

- Formuliere für deinen Text eine passende, zum Lesen anregende Überschrift.
- Erkläre einleitend, dass in Städten seit einiger Zeit neue Fahrzeuge zu sehen sind: E-Scooter.
- Stelle die Voraussetzungen dar, die erfüllt sein müssen, damit man E-Scooter im öffentlichen Raum benutzen darf.
- Erläutere die Vorteile und Gefahren, die sich bei der Verwendung von E-Scootern ergeben.
- Beurteile anhand der Materialien und eigener Überlegungen, ob E-Scooter geeignet sind, um unsere Städte vom Autoverkehr zu entlasten.

M 1: E-Scooter: Life-Style für urbane[1] Trendpeople

1 Elektrische Tretroller bevölkern nun auch Deutschlands Straßen. Zu den Nutzern und Interessenten zählen – neben Touristen – aktuell vor allem jüngere trendbewusste Stadtmenschen; bevorzugt aus Haushalten mit gehobenen Einkommen und vermehrt männlichen Geschlechts.

5 Ebenfalls stärker interessiert zeigen sich Haushalte mit Kindern. Auch für die Zukunft liegt in diesen Zielgruppen das größte Potenzial[2] für die Vermietung und für den Verkauf von E-Scootern. Mit Blick auf die Gesamtbevölkerung und die Mobilität im Ganzen spielen E-Scooter aber nur eine Nischenrolle.

Quelle: Kirstin Sommer: E-Scooter: Lifestyle für urbane Trendpeople, ITM InnoTech Medien GmbH vom 02. 10. 2019, https://www.emobilserver.de/nachrichten/elektro-fahrzeuge/elektro-roller/1993-e-scooter-lifestyle-f%C3%BCr-urbane-trendpeople.html (aus didaktischen Gründen gekürzt und leicht verändert)

1 urbane: städtische, in der Stadt lebende

2 Potenzial: hier: Möglichkeit, Interesse

M 2: Welche Regeln gelten beim Fahren mit E-Scootern?

Gibt es ein Mindestalter?	Ja. Man muss mindestens 14 Jahre alt sein.
Muss man einen Helm tragen?	Nein. Aufgrund der Verletzungsgefahr ist es aber ratsam.
Darf man mit dem E-Scooter fahren, wenn man Alkohol getrunken hat?	Nein. Es gelten die gleichen Promille-Grenzen wie beim Autofahren.
Darf man mit einem E-Scooter auf Gehwegen fahren?	Nein. Man darf nur auf Radwegen fahren. Wo diese fehlen, darf man auf die Straße ausweichen – oder auf kombinierte Rad- und Gehwege.
Gibt es eine Höchstgeschwindigkeit?	Ja. Die Höchstgeschwindigkeit beträgt 20 km/h auf Radwegen. Auf kombinierten Rad- und Gehwegen darf man maximal mit 12 km/h fahren.
Muss ein E-Scooter bestimmte Ausstattungsmerkmale haben?	Ja. Er braucht zwei voneinander unabhängige Bremsen, ein Licht, gelbe Rückstrahler und eine Klingel (oder ein anderes Warnsignal).
Muss ein E-Scooter versichert sein?	Ja. Zum Zeichen dafür, dass er versichert ist, muss er auch mit einer entsprechenden Plakette versehen sein.

M 3: Umfrage zu E-Scootern

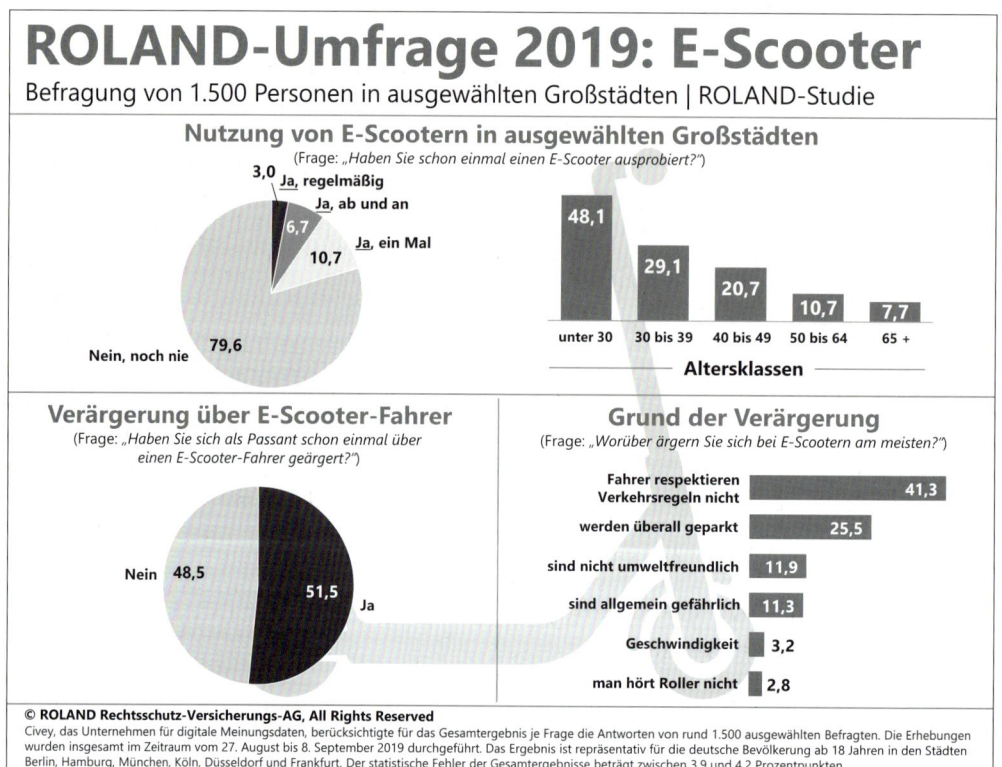

alle Angaben in Prozent

Quelle: https://www.bca.de/wp-content/uploads/Insider/Ausgabe4/48/

M 4: E-Scooter aufladen als Traum-Nebenjob?

1 Jerome ist einer der ersten *Juicer* beim Sharing-Anbieter *Lime* in NRW. Jerome ist Student und arbeitet am Wochenende als Caterer[3]. Unter der Woche hat er noch Kapazitäten[4] frei. „Deswegen habe ich etwas gesucht, das man spontan machen kann und was auch eine sichere Einnahme ist", sagt der 25-jährige Kölner.

Es gibt nur wenige Voraussetzungen, die man als *Juicer* bei *Lime* benötigt: Man muss mindestens 18 Jahre alt sein, ein Smartphone besitzen und einen Gewerbeschein haben.

5 Jeromes Aufgaben: E-Scooter abends einsammeln, zu Hause deren Akkus aufladen und dann frühmorgens wieder auf die Straßen bringen. Eine Smartphone-App zeigt ihm an, wo die E-Scooter mit niedrigem Ladestand stehen. Maximal zehn Stück pro Abend darf er mitnehmen.

„Wenn man kein Auto hat, dann wird es extrem anstrengend", sagt Jerome. Und eine
10 Wohnung im ersten Stock sei auch nicht empfehlenswert: „Die Roller wiegen um die 20 Kilo. Nach zehn Stück habe ich auch ein bisschen Rückenschmerzen." Er lädt die Roller in seiner Garage auf mit Ladegeräten, die er von *Lime* gestellt bekommt.

Pro aufgeladenen Roller bekommt der Kölner *Juicer* vier Euro. Das Geld wird prompt am gleichen Tag überwiesen. Die Kosten für Sprit und Strom trägt Jerome selber, zudem
15 muss er Steuern zahlen. Wer am nächsten Morgen zu spät ausliefert oder die Roller nicht komplett auflädt, muss mit Abzügen rechnen. „Es bringt nicht das große Geld, aber es macht irgendwie den Kopf frei", sagt Jerome. [...]

Quelle: Susanne Schnabel, https://www1.wdr.de/nachrichten/e-scooter-juicer-100.html

M 5: E-Scooter-Fahrer verletzen sich häufiger am Kopf als Fahrradfahrer

1 Elektrotretroller gelten nicht nur als Schritt in eine neue urbane Mobilität, viele sehen in ihnen auch ein rollendes Sicherheitsrisiko. Eine aktuelle Auswertung zeigt jetzt, wie stark die Zahl der Verletzungen und Krankenhauseinweisungen in den USA seit der massenhaften Einführung der Roller zugenommen hat.

5 „Dabei gab es einen hohen Anteil an Menschen mit Kopfverletzungen, die sehr gefährlich sein können", berichten die Forscher der Universität von Kalifornien. Den Daten zufolge erlitt rund ein Drittel der Patienten ein Kopftrauma. Das sei eine doppelt so hohe Rate an Kopfverletzungen wie bei Fahrradfahrern in den USA, schreiben die Wissenschaftler im Fachmagazin „Jama Surgery". Ebenfalls häufig kam es der Analyse zu-
10 folge zu Brüchen (27 %), Prellungen und Abschürfungen (23 %) sowie Schnittwunden (14 %).

Die Verletzungsmuster seien alarmierend und auch in Deutschland zu beobachten, sagt Christopher Spering von der Universitätsmedizin Göttingen. „Sowohl bei den Rollerfahrern als auch anderen Unfallbeteiligten wie etwa Fußgängern kommt es oft zu
15 Schädel-Hirn-Traumata sowie Verletzungen der oberen und unteren Extremitäten[5]."

Die Architektur der Fahrzeuge als Problem
Der Grund: „Ohne Blinker können Rollerfahrer keine Richtungswechsel anzeigen, fehlende Bremslichter bedeuten, dass man ihre Geschwindigkeitswechsel nicht sehen kann, und sie sind so leise, dass man sie kaum hört." [...]

20 ### Zu wenig auf E-Tretroller eingestellt
Ein Problem ist auch, dass andere Verkehrsteilnehmer noch nicht auf Elektrotretroller eingestellt sind. Die Elektrotretroller stimmten nicht mit unseren gewohnten Wahrnehmungsmustern überein, sagt Spering. [...]

Quelle: Studie: E-Scooter-Unfälle führen oft zu Kopfverletzungen, von Alice Lanzke, dpa vom 12.01.2020 © dpa Deutsche Presse-Agentur GmbH, soweit nicht anders ausgewiesen. Alle Inhalte sind urheberrechtlich geschützt. Jegliche Nutzung von Inhalten, Texten, Grafiken und Bildern ist ohne ausdrückliche schriftliche Zustimmung unzulässig. Dies gilt insbesondere für die Verbreitung, Vervielfältigung und öffentliche Wiedergabe sowie Speicherung, Bearbeitung oder Veränderung. Alle Rechte bleiben vorbehalten.

3 *Caterer: hier: Person, die sich um die Bewirtung anderer kümmert*

4 *Kapazitäten: hier: die Möglichkeit, zusätzliche Aufgaben zu übernehmen*

5 *Extremitäten: Arme und Beine*

M 6: Pro & Kontra – E-Scooter: Fluch oder Segen? – Ein Streitgespräch

1 JAN: [...] Immer mehr E-Scooter erobern die Straßen – sie sind der Auftakt zu einer dringend benötigten Verkehrswende. Denn: Sei es zum kurzen Einkauf um die Ecke oder für den Weg zum Fitnessstudio, immer noch nutzen zu viele Menschen für kurze Strecken das Auto. [...]

5 TERESA: Mit den E-Scootern nutzen dann aber auch immer mehr Menschen für kurze Wege nicht mehr das einfachste Fortbewegungsmittel: ihre Beine! [...] Warum noch zu Fuß zum Bäcker, Supermarkt oder den Nachbarn, wenn man auch mit dem Scooter hinfahren kann? Wir Menschen bewegen uns schon zu wenig. [...]

JAN: Wenn kein Wandel auf unseren Straßen stattfindet, wird vor allem eins schlim-
10 mer: unser Klima. Der Verkehrsminister spricht von einer „Alternative zum Auto" und genau die braucht es in einer Zeit, in der Klimaschutzziele höchstwahrscheinlich verfehlt werden. Dabei können die Scooter die Innenstädte entlasten.

TERESA: Und wo soll diese „Alternative zum Auto" dann fahren? Die Regelung „Über 12 km/h: Radweg, unter 12 km/h: Gehweg" ist in der Theorie vielleicht ganz nett.
15 Aber wie soll das praktisch umgesetzt werden? Kontrollieren tut's doch niemand. [...]

JAN: Die Regeln müssen natürlich klar eingehalten werden. Man muss einen Weg fin-den, wie man das kontrollieren kann. Die Städte müssen in einen Dialog mit den Anbietern treten. Wagt man einen Blick nach Wien, erkennt man eine denkbare Lö-sung: An belebten Orten, wie etwa der Innenstadt, wird die Geschwindigkeit der Rol-
20 ler gedrosselt, die Gefahr minimiert.

TERESA: Schöne Idee, aber klingt nach zu viel Hightech und zu wenig Umsetzbarkeit. Was noch gegen die E-Scooter spricht: Sie sind schlicht zu gefährlich. Nicht nur für die Fahrer*innen selbst, sondern auch für Auto-, Radfahrer*innen und vor allem für Fußgänger*innen. [...]

25 JAN: Fakt ist aber: Nicht alle Rollerfahrer*innen fahren ohne Rücksicht auf Verluste. [...]

TERESA: Bei meinem letzten Städtetrip nach Tel Aviv haben mich die Scooter nicht nur auf den Gehwegen genervt, sondern sind auch auf meinen Reisefotos in unschöner Erinnerung geblieben. Überall standen oder lagen die Roller herum. Viele Fahrer*innen haben sie einfach in der Mitte von Plätzen „geparkt" oder eben hingelegt. Es braucht
30 also eindeutig konkrete Parkbereiche. Bis die geschaffen werden, dauert es wahrschein-lich Jahre. [...]

Quelle: Pro & Contra – E-Scooter: Fluch oder Segen? – Ein Streitgespräch, ZDF; https://www.zdf.de/nachrichten/heute/pro-und-contra-zu-e-scootern-in-deutschland-100.html (aus didaktischen Gründen gekürzt und leicht verändert)

Wie du bei der Bearbeitung der einzelnen Teilaufgaben vorgehen kannst und wo-rauf du achten solltest, erfährst du in den folgenden Abschnitten.

7.1 Materialien sichten und auswerten

In den **Kapiteln 7.1 und 7.2** erfährst du, wie du die folgenden Teilaufgaben aus der Musterprüfung bearbeiten kannst:

- **Teilaufgabe 2:** Erkläre einleitend, dass in Städten seit einiger Zeit neue Fahrzeuge zu sehen sind: E-Scooter.
- **Teilaufgabe 3:** Stelle die Voraussetzungen dar, die erfüllt sein müssen, damit man E-Scooter im öffentlichen Raum benutzen darf.
- **Teilaufgabe 4:** Erläutere die Vorteile und Gefahren, die sich bei der Verwendung von E-Scootern ergeben.

Bevor du deinen informierenden Text schreiben kannst, musst du zunächst alle **Materialien** aufmerksam **lesen** und **auswerten**. Da die Materialien sehr viele Informationen bieten, kannst du sie nicht alle verwenden. Deshalb musst du für deinen Text die wichtigsten Inhalte auswählen.

Tipp

Es wird zwar von dir erwartet, dass du in deinem Text auf **alle Materialien** eingehst, die dir vorgelegt werden. Du musst aber **nicht alle gleichermaßen** berücksichtigen. Entscheide gezielt, auf welche Texte du genauer eingehen und welche du weniger verwenden willst.

Schritt für Schritt

Vor dem Schreiben eines informierenden Textes

Arbeitsschritt 1 **Aufgabenstellung durchdenken:** Lies als Erstes die Aufgabenstellung genau durch. Frage dich:
An wen soll sich der Text richten?
Welches Ziel verfolgst du mit deinem Text?

Arbeitsschritt 2 **Materialien sichten:** Lies alle Materialien sorgfältig durch. Überlege, welcher Aspekt in jedem Text im Vordergrund steht. Frage dich jeweils:
Worum geht es in diesem Text?
Welches Ziel wird damit verfolgt? (Soll der Text nur informieren oder wird darin auch eine Meinung vertreten?)
Am besten notierst du nach der Lektüre jedes Textes sofort neben der Überschrift, worum es hier im Besonderen geht.

Arbeitsschritt 3 **Materialien auswerten:** Lies die Materialien ein zweites Mal durch. Unterstreiche während des Lesens alle Textstellen, die dir in Bezug auf die Aufgabenstellung wichtig erscheinen. Ergänze jeweils am Rand passende Stichworte, damit du später weißt, wo du bestimmte Informationen findest.

Arbeitsschritt 4 **Informationen zuordnen:** Sieh dir die Textstellen, die du in den einzelnen Materialien unterstrichen hast, noch einmal genau an. Überlege, in welcher Teilaufgabe du diese Informationen am besten verwerten kannst. Notiere am rechten Rand jeweils die Nummer der entsprechenden Teilaufgabe.

Arbeitsschritt 5 **Schreibplan erstellen:** Nimm dir ein extra Blatt und lege darauf einen Schreibplan an. Notiere als Erstes die Teilaufgaben stichwortartig untereinander. (Lass genügend Platz zwischen ihnen.) Trage anschließend unter jeder Teilaufgabe die dazu passenden Informationen aus den Materialien ein. Auch hier genügen Stichworte.
Hinweis: Wenn eine Teilaufgabe mehr als einen Gedanken enthält (z. B. „Vor- und Nachteile"), notierst du zwei Stichworte (Vorteile – Nachteile).

Tipp

Vermeide es, im Text **ganze Sätze** zu **unterstreichen**. Das ist wenig hilfreich. Unterstreiche immer nur die Wörter, um die es dir geht.

Übung 13

Aufgaben

1. Die Schülerin Lisa hat in M 5 einige Textstellen unterstrichen, die sie wichtig findet. Sie weiß aber nicht, welche Kommentare sie an den Rand schreiben soll. Überlege dir passende Kommentare und ergänze sie rechts neben dem Text.

   a) Eine aktuelle Auswertung zeigt jetzt, wie stark die <u>Zahl der Verletzungen und Krankenhauseinweisungen in den USA</u> seit der massenhaften Einführung der Roller <u>zugenommen</u> hat.

   USA mehr Verletzungen seit E-roller

   b) „Dabei gab es einen <u>hohen Anteil an Menschen mit Kopfverletzungen</u>, die <u>sehr gefährlich sein können</u>", berichten Forscher der Universität Kalifornien.

   viele gefährliche Kopfverletzungen

   c) Das sei eine <u>doppelt so hohe Rate an Kopfverletzungen wie bei Fahrradfahrern</u> in den USA, schreiben die Wissenschaftler im Fachmagazin „Jama Surgery".

   Doppel so viele wie bei Radfahrer

   d) Die <u>Verletzungsmuster seien alarmierend</u> und <u>auch in Deutschland zu beobachten</u>, sagt Christopher Spering von der Universitätsmedizin Göttingen.

   Auch in deutschland alamiert

   e) „Sowohl bei den Rollerfahrern als auch anderen Unfallbeteiligten wie etwa Fußgängern kommt es oft zu <u>Schädel-Hirn-Traumata</u> sowie <u>Verletzungen der oberen und unteren Extremitäten</u>."

   oft schädeltrauma, Verletzungen an Armen und ~~Bide~~ Beinen

   f) Ein Problem ist auch, dass <u>andere Verkehrsteilnehmer noch nicht auf Elektroroller eingestellt</u> sind.

   Problem verrkehrs teilnehmer nicht an Roller gewöhnt

2. Werte nun die Materialien 1–6 vollständig aus. Orientiere dich dabei an der Schritt-für-Schritt-Anleitung.

3. Vervollständige den folgenden Schreibplan. Ergänze dazu unter jeder Überschrift passende Stichworte. Orientiere dich dabei an den Informationen, die du in den Materialien bereits unterstrichen und kommentiert hast.

Schreibplan

Teilaufgabe 2	Neue Fahrzeuge in den Städten: E-Scooter:
Teilaufgabe 3	Voraussetzungen für die Benutzung: Gut einen Roller statt auto wegen klima,
Teilaufgabe 4	Vorteile: Gefahren: verkehrsteilnehmer nicht an Roller gewöhnt, viele gefährliche Kopfverletzungen

7.2 Informationen darstellen

Nun verfasst du deinen informierenden Text. Orientiere dich dabei an dem Schreibplan, den du erstellt hast. Verwende die Stichworte, die du darin eingetragen hast, und schreibe einen zusammenhängenden Text.

Auf einen Blick

Sprache eines informierenden Textes	
sachliche Sprache	Verwende eine **sachliche Sprache**. Denke daran: Du willst die Leser*innen nicht unterhalten, sondern **informieren**!
neutrale Sprache	Gib deine Meinung nicht zu erkennen. Bleibe **neutral** und verzichte auf Bewertungen.
Standardsprache	Schreibe in der **Standardsprache**. Verwende keine umgangssprachlichen Ausdrücke und formuliere vollständige Sätze.
eigene Wortwahl	Nutze deine **eigenen Worte**, um die Informationen wiederzugeben. Schreibe keine Textstellen wörtlich aus den Materialien ab.
Zeitform: Präsens	Verfasse deinen Text im **Präsens** (z. B. *sagt, fährt, kommt*). Für Ereignisse, die vorher passiert sind, verwendest du das **Perfekt** (z. B. *ist gestürzt* oder *hat sich verletzt*).

Tipp

Bevor du anfängst, deinen Text zu schreiben, solltest du **genügend Platz** für eine **Überschrift** freilassen. Du kannst deine Überschrift am besten formulieren, nachdem du deinen Text bereits fertig geschrieben hast.

Übung 14

Aufgaben

1. Die folgenden Sätze sind sprachlich unpassend für einen informierenden Text. Versetze dich in die Rolle einer Lehrkraft: Unterstreiche die Ausdrucksfehler und notiere daneben, warum diese Formulierungen unpassend sind.

   a) Es gibt auch Stadtmenschen, die E-Scooter <u>richtig cool</u> finden.   *keine Umgangssprache*

   b) Viele Eltern finden es mega, wenn sie für ihre Kinder E-Scooter mieten können. _____

   c) Ein Juicer hat ganz schön zu ackern: Er muss die E-Scooter abends einsammeln, zu Hause deren Akkus aufladen und sie dann wieder auf die Straße zurückbringen. Ganz schön anstrengend! _____

   d) Wenn ein Juicer die E-Scooter zu spät zurückbringt, kriegt er fürs Aufladen weniger Kohle. _____

   e) Es wundert mich überhaupt nicht, dass es in Deutschland schon viele Unfälle mit E-Scootern gab. _____

2. Schreibe die Sätze aus Aufgabe 1 ab und verbessere dabei die Fehler, die gemacht wurden. Schreibe auf ein eigenes Blatt.

3. Schreibe nun deinen informierenden Text. Orientiere dich an dem Schreibplan, den du erstellt hast.

7.3 Eine Beurteilung vornehmen

In diesem Kapitel erfährst du, wie du die letzte Teilaufgabe aus der Musterprüfung bearbeiten kannst:

- **Teilaufgabe 5:** Beurteile anhand der Materialien und eigener Überlegungen, ob E-Scooter geeignet sind, um unsere Städte vom Autoverkehr zu entlasten.

Am Schluss deines Textes sollst du dich dazu äußern, ob die Verwendung von E-Scootern dazu beitragen könnte, die Städte vom Autoverkehr zu entlasten. Du kannst diese Frage positiv oder negativ beantworten. Entscheidend ist, dass du deine **Meinung begründest**.

Eine Beurteilung schreiben

Arbeitsschritt **1**   **Fasse** die Informationen, die du aus den Materialien zusammengetragen hast, **kurz zusammen**. Schreibe nicht mehr als zwei Sätze.

Arbeitsschritt **2**   Äußere **deine eigene Meinung** zu der gestellten Frage. Hier genügt ein Satz.

Arbeitsschritt **3**   **Begründe** deine Meinung. Schreibe zur Begründung zwei bis drei Sätze. Du kannst hier auch ein Beispiel anführen.

Schritt für Schritt

Hinweis: Laut Aufgabenstellung sollst du dich in deiner Beurteilung sowohl auf die Materialien als auch auf eigene Erfahrungen beziehen. Eigene Erfahrungen kannst du gut in einem Beispiel einbringen.

Aufgaben

Übung 15

1. Fasse die Kernaussagen aus deinem informierenden Text mit ein bis zwei Sätzen zusammen.

_____

_____

_____

_____

_____

2. Formuliere einen Satz, um deine Meinung zu E-Scootern zu äußern: Könnten sie helfen, die gewünschte Verkehrswende einzuleiten?

_____

_____

3. Schreibe nun zwei bis drei Sätze, in denen du deine Meinung begründest.

_____

_____

_____

_____

_____

_____

_____

_____

7.4 Eine Überschrift formulieren

> In diesem Kapitel erfährst du, wie du die folgende Teilaufgabe aus der Musterprüfung bearbeiten kannst:
> - **Teilaufgabe 1:** Formuliere für deinen Text eine passende, zum Lesen anregende Überschrift.

Überlege dir zum Schluss eine passende Überschrift für deinen Text. Schreibe sie in die Zeile, die du am Anfang freigelassen hast. Denke daran, dass Überschriften **zum Lesen anregen** sollen. Sie müssen also kurz sein und den Inhalt des Textes auf den Punkt bringen. Ganze Sätze sind dafür ungeeignet.

Beispiel

Die angestrebte Verkehrswende kann durch die verstärkte Nutzung von E-Rollern wohl kaum erreicht werden.

→ Die Überschrift ist viel zu lang, besser so: _Keine Verkehrswende durch E-Roller_

Tipps für das Formulieren von Überschriften

keine Artikel und Verben	Du lässt **Artikel und Verben** weg. Beispiel: *In den Städten werden E-Roller gern von Touristinnen und Touristen genutzt.* → *E-Roller in Städten gern von Touristinnen und Touristen genutzt*
Verben werden zu Nomen	Du wandelst **Verben in Nomen** um. Beispiel: *Verschiedene Sehenswürdigkeiten lassen sich so besser erreichen.* → *Bessere Erreichbarkeit von Sehenswürdigkeiten*
Doppelpunkt	Du setzt einen Doppelpunkt, um **Verben einzusparen**. Beispiel: *E-Scooter sind bei jungen Leuten im Trend.* → *E-Scooter: Bei jungen Leuten im Trend*
Ausrufesatz	Du wandelst einen Aussagesatz in einen **Ausrufesatz** um. Dabei kann das Verb entfallen. Beispiel: *Es kommt durch E-Roller immer wieder zu Unfällen.* → *Immer wieder Unfälle durch E-Roller!*
verkürzte Frage	Um mögliche **Probleme** zu nennen, kannst du eine **Aussage** in eine verkürzte Frage umwandeln. Beispiel: *Vielleicht sind E-Scooter ein rollendes Sicherheitsrisiko.* → *E-Scooter ein rollendes Sicherheitsrisiko?*

Aufgaben

Übung 16

1. Wandle die folgenden Sätze in Überschriften um.

   a) Elektrische Tretroller sind seit einiger Zeit immer häufiger auf Deutschlands Straßen zu sehen.

   _____

   b) Beliebt sind E-Roller vor allem bei Touristinnen bzw. Touristen und Familien mit Kindern.

   _____

   c) Für Jugendliche ist es ein Vergnügen, sich mit E-Scootern fortzubewegen.

   _____

   d) Einige Menschen verdienen Geld damit, dass sie E-Scooter regelmäßig aufladen.

   _____

   e) Auf Bürgersteigen kommt es mit E-Scootern manchmal auch zu schweren Unfällen.

   _____

   f) Es stellt sich die Frage, ob E-Scooter ein Sicherheitsrisiko sind.

   _____

2. Formuliere eine passende Überschrift für deinen informierenden Text.

   _____

*Interaktive Aufgaben:
Informationen ermitteln,
vergleichen und bewerten*

8 Informationen ermitteln, vergleichen und bewerten (Aufgabentyp 4 b)

Bei diesem Aufgabentyp erhältst du in der Regel drei Texte. Manchmal wird ein Text durch ein Bild oder Diagramm ersetzt. Du sollst diese Materialien **untersuchen** und miteinander **vergleichen**. Das bedeutet: Du musst prüfen, welche **Ähnlichkeiten** und **Unterschiede** es zwischen ihnen gibt. Dazu werden dir mehrere Teilaufgaben gestellt, die du nacheinander bearbeitest. Am Schluss wird dir zum Thema eine Äußerung vorgelegt, zu der du begründet **Stellung beziehen** sollst.

Lies dir die folgende Beispielaufgabe und die zugehörigen Materialien aufmerksam durch.

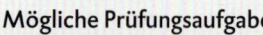

Mögliche Prüfungsaufgabe

Untersuche die Materialien M 1, M 2 und M 3.

Gehe dabei so vor:

- Benenne das gemeinsame Thema der Materialien M 1, M 2 und M 3.
- Fasse den Inhalt von M 1 zusammen.
- Vergleiche die Materialien M 2 a und M 2 b im Hinblick darauf, welche Gründe für bzw. gegen ein Werbeverbot für Süßigkeiten sprechen. Belege deine Ausführungen am Text.
- Setze dich kritisch mit der folgenden Aussage einer Schülerin auseinander:
  „Ein Werbeverbot für Süßigkeiten würde überhaupt nichts bringen. Kinder essen das, was ihnen schmeckt, und nicht das, wofür geworben wird."
  – Nimm Stellung zu der Aussage.
  – Begründe deine Meinung.
  – Beziehe dich dabei auf die Materialien M 1, M 2 und M 3.

M 1: Wie Influencer Zuckerbomben ins Kinderzimmer bringen

1 Dagobert Duck und der YouTube-Star Simon Desue haben etwas gemeinsam: Sie nehmen gern ein Bad in der Menge. Dagobert in einem Haufen Geld, Desue in einem Haufen Haribo: Stöhnend vor Glück suhlt sich der junge Influencer in einem seiner Werbevideos in grünen und blauen Tüten voller bunter Zuckerstangen.

5   Das Problem dabei: Der 29-jährige Desue gehört mit 4,3 Millionen Abonnentinnen und Abonnenten zu den reichweitenstärksten YouTubern in Deutschland. Seine Follower sind vor allem Kinder und Jugendliche. Und der Social-Media-Star macht auf TikTok, Instagram oder YouTube ganz explizit Werbung für das Fast Food von McDonald's und die Süßigkeiten von Haribo.

10   „Mithilfe von Influencern senden die Unternehmen ihre Werbebotschaften an den Eltern vorbei direkt ins Kinderzimmer und auf die Handys junger Menschen", sagt Luise Molling von Foodwatch[1]. Firmen wie McDonald's, Coca-Cola oder Mondelez, aber auch deutsche Familienunternehmen wie Haribo oder Coppenrath & Wiese machten „mit übergriffigen Marketingmethoden Geschäfte auf Kosten der Kindergesundheit".

1 *Foodwatch: eine Verbraucherorganisation, die sich für gesundes Essen einsetzt*

Foodwatch: Influencerwerbung fördert Fettleibigkeit

Im neuen Report „Junkfluencer"[2] hat die Verbraucherorganisation über mehrere Wochen Tausende Posts und Videos der zwanzig reichweitenstärksten Influencerinnen und Influencer ausgewertet. Über TikTok-Stars und Instagram-Sternchen vermarkte die Lebensmittelindustrie „zuckrige Getränke, fettige Snacks und Süßwaren" gezielt an Millio-
20 nen Kinder. Und das fördere Fehlernährung und Fettleibigkeit bei Minderjährigen.

Besonders bei jungen Mädchen beliebt ist das Duo der beiden jungen Österreicherinnen Viktoria und Sarina. In einer rosa Glitzerwelt präsentieren sie mit Girlie-Stimmchen wahllos Süßes von Ferrero, Coppenrath & Wiese – oder ihren eigenen rosa Keksteig zum Löffeln. Und erreichen damit über Instagram, TikTok und YouTube jeweils weit
25 über eine Million Fans. „Man hat den Eindruck, dass sich die beiden nur von Süßigkeiten ernähren, wenn man durch ihre Social-Media-Kanäle klickt", sagt Molling. […]

> 2 *Junkfluencer: Influencer, die in den sozialen Medien Werbung für schlechtes und schädliches Essen machen*

56 Prozent der Jugendlichen haben schon Influencerprodukte gekauft

Die Teeniestars aus dem Netz genießen bei Kindern und Jugendlichen eine hohe Glaubwürdigkeit. Eine Studie […] zeigt: Je jünger die Zielgruppe, desto unkritischer nehmen
30 Kinder die Werbebotschaften auf. 11- bis 15-Jährige gäben sich demnach ihren Onlinestars „bedingungslos hin", diese genössen ihr „vollstes Vertrauen". Die Empfehlungen an ihre genau definierten Zielgruppen haben daher großen Einfluss: 56 Prozent der Jugendlichen geben an, schon einmal Produkte von Influencerinnen gekauft zu haben. […]

Fehlernährung unter Kindern ist in Deutschland weitverbreitet: Laut Daten des
35 Robert Koch-Instituts essen 6- bis 11-Jährige heutzutage nur die Hälfte der empfohlenen Tagesmenge an Obst und Gemüse, nehmen aber gleichzeitig zwei- bis dreimal so viel Zucker oder Snacks zu sich wie von der Weltgesundheitsorganisation WHO empfohlen. Die Folge: Etwa 15 Prozent der Kinder und Jugendlichen gelten aktuell als übergewichtig, sechs Prozent sogar als fettleibig. Ihnen drohen später ernährungsabhän-
40 gige Krankheiten wie Diabetes oder Bluthochdruck. […]

Quelle: SPIEGEL.de, Carolin Wahnbaeck, 17. 02. 2021 (aus didaktischen Gründen gekürzt und leicht verändert)

M 2: Brauchen wir ein Werbeverbot für Süßigkeiten?

a) Freiwillig wird das nichts (Daniela Vates)
1 Ach, das bisschen Werbung, was ist da schon dabei? […] Ziemlich viel. Es muss zwar nicht sein, dass Kinder, die Werbespots sehen, sofort die Küche nach Schokoriegeln durchforsten, sich vor dem Süßigkeiten-Regal im Laden schreiend auf den Boden werfen oder das Taschengeld am nächsten Kiosk in Gummibärchen anlegen.
5 Aber die Wahrscheinlichkeit wächst. Kinder können weniger als Erwachsene zwischen Werbung und Wirklichkeit unterscheiden. Die Coolness, der Spaß, die Begeisterung von YouTube-Stars, Zeichentrick- oder Fußballhelden – all das wirkt für sie real[3], die entsprechenden Snacks bekommen ein positives Image[4]. […]

> 3 *real: echt, wie in Wirklichkeit*
> 4 *Image: Ansehen; das Bild, das man von etwas hat*

Bei Spielzeug kann Werbung zu einem langen Wunschzettel und Quengeleien füh-
10 ren. Aber die enthalten immerhin weder Zucker noch Salz oder Fett. Bei Süßigkeiten,
Softdrinks, Chips und Pizza gibt es davon dagegen in rauen Mengen. Wer einen Schoko-
riegel isst, ist nicht morgen krank. Aber wer regelmäßig zugreift, hat einen Risikofaktor
mehr. […] Wenn die Politik nun Werbung verbieten will, die Kinder bis 14 Jahren erreicht, ist das nicht radikal[5], sondern sinnvoll.

5 *radikal: hier: extrem, übertrieben*

b) Schokolade schmeckt auch ohne Werbung (Dirk Schmaler)

1 […] Die Frage lautet: Ist es wirklich die Werbung, die unseren Kindern einredet, dass sie
gern Schokolade essen? […] Die ungesunde Verführung von Schokolade liegt im wohli-
gen Geschmack. […] Die Reklame[6] lenkt da höchstens die Aufmerksamkeit von einer
Chipsmarke zur anderen.

6 *Reklame: anderes Wort für Werbung*

5 Mit Verbotsforderungen kommt man deshalb in der Sache nicht weiter. Wer wirklich
etwas tun will gegen Übergewicht und ungesunde Ernährung, der kommt – neben
Sportförderung – nicht um die Mühen der guten, alten Kindererziehung herum. Es muss
darum gehen, Kindern einen maßvollen Umgang etwa mit Süßigkeiten zu lehren, ein
Bewusstsein dafür zu schaffen, dass Essen und Trinken eben nicht nur schmackhaft sein
10 sollten, sondern bestenfalls auch gesund. […] Es ist an den Eltern, diese wichtige Arbeit
aufzunehmen. […]

Quelle: RND / Daniela Vates und Dirk Schmaler; https://www.rnd.de/politik/brauchen-wir-ein-werbeverbot-fuer-suessigkeiten-YQQDCKC4CNHCLAXEDXNAF7UNHA.html (aus didaktischen Gründen gekürzt und leicht verändert)

M 3: Werbeaufwendungen für Süßwaren in Deutschland

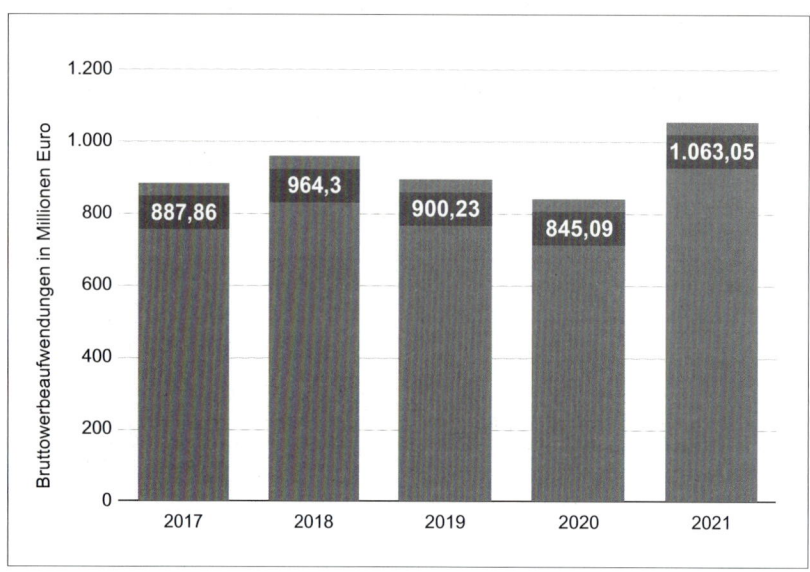

Quelle: © Statista 2023

Du musst bei diesem Aufgabentyp verschiedene Arbeitsanweisungen befolgen. Es ist daher wichtig, dass du genau verstehst, was mit bestimmten Aufforderungen gemeint ist.

Auf einen Blick

Arbeitsanweisungen zum Ermitteln, Vergleichen und Bewerten von Informationen		
benennen	eine Bezeichnung für etwas finden (ein Satz genügt: *Es geht in den Materialien um …*)	*Benenne das gemeinsame Thema der Materialien.*
beschreiben	sagen, wie etwas (oder jemand) aussieht oder sich verhält	*Beschreibe das Verhalten der Jugendlichen bei der Demonstration.*
bestimmen	etwas festlegen oder entscheiden	*Bestimme das Thema des Textes.*
beurteilen	eine Einschätzung über etwas (oder jemanden) abgeben	*Beurteile die Angebote des ÖPNV in Köln.*
bewerten	erklären, wie man eine Sache oder Person findet (gut oder schlecht?)	*Bewerte die Rede des Schulsprechers.*
darstellen	einen Sachverhalt mit eigenen Worten wiedergeben	*Stelle dar, wie die Schülerin reagiert hat.*
erklären	Gründe für etwas finden und diese verständlich darstellen	*Erkläre, warum der Versöhnungsversuch gescheitert ist.*
nennen	Einzelheiten oder Beispiele kurz und knapp anführen	*Nenne Zeugen, die den Unfall beobachtet haben.*
vergleichen	Gemeinsamkeiten und Unterschiede feststellen	*Vergleiche die beiden Texte in Bezug auf ihre Kernaussagen.*
zusammenfassen	die wesentlichen Inhalte in knapper Form mit eigenen Worten wiedergeben	*Fasse den Inhalt von M 1 zusammen.*

8.1 Das gemeinsame Thema der Materialien benennen

In diesem Kapitel erfährst du, wie du die erste Teilaufgabe aus der Musterprüfung bearbeiten kannst:

- **Teilaufgabe 1:** Benenne das gemeinsame Thema der Materialien M 1, M 2 und M 3.

Um das Thema mehrerer Materialien benennen zu können, musst du als Erstes erkennen, was deren **gemeinsamer Inhalt** ist. Aber das genügt nicht. Du solltest das Thema noch genauer bestimmen. Jedes Material rückt nämlich **einen besonderen Aspekt** in den Mittelpunkt. Den musst du bei der Benennung des Themas auch berücksichtigen.

Schritt für Schritt

Das Thema bestimmen

Arbeitsschritt **1**   Lies alle Materialien zügig durch und bestimme anschließend das **Thema allgemein**.

Arbeitsschritt **2**   Lies alle Materialien noch einmal genau durch. Überlege, worum es in jedem Material **im Besonderen** geht. Notiere die Besonderheit jeweils neben der Überschrift.

Arbeitsschritt **3**   Als Letztes schreibst du **ein bis zwei Sätze**, in denen du das Thema bestimmst und die besonderen Aspekte der einzelnen Materialien **knapp** zur Sprache bringst.

Tipp

Du kannst auch **zwei Sätze** formulieren, um das Thema zu bestimmen. Im ersten Satz nennst du das **Thema allgemein**, im zweiten Satz ergänzt du eine Aussage zu den **genaueren Inhalten** der Materialien.

Übung 17

Aufgaben

1. Lies M 1, M 2 und M 3 aufmerksam durch. Notiere das allgemeine Thema, um das es in allen drei Materialien geht.

   In allen drei Materialien geht es um _____.

2. Ordne die folgenden Aussagen den Materialien zu. Kreuze entsprechend an.
   Hinweis: Kreuze bei jeder Aussage alle Materialien an, zu denen sie passt.

	M 1	M 2a	M 2b	M 3
a) Für Süßigkeiten wird viel geworben.	☐	☐	☐	☐
b) Viele Kinder ernähren sich nicht gesund.	☐	☐	☐	☐
c) Eine Folge der ungesunden Ernährung ist Übergewicht.	☐	☐	☐	☐
d) Werbung für Süßigkeiten sollte verboten werden.	☐	☐	☐	☐
e) Süßigkeiten-Hersteller geben immer mehr Geld für Werbung aus.	☐	☐	☐	☐
f) Ein Werbeverbot für Süßigkeiten ist nicht sinnvoll.	☐	☐	☐	☐

3. Formuliere dein Thema nun genauer. Schreibe einen oder zwei Sätze, um das gemeinsame Thema aller Materialien zu benennen.

   _____

   _____

   _____

   _____

8.2 Den Inhalt eines Sachtextes zusammenfassen

In diesem Kapitel erfährst du, wie du die folgende Teilaufgabe aus der Musterprüfung bearbeiten kannst:

- **Teilaufgabe 2:** Fasse den Inhalt von M 1 zusammen.

Meistens musst du in der Prüfung einen Sachtext zusammenfassen. In einem Sachtext wird keine Geschichte erzählt, sondern ein bestimmter **Sachverhalt** dargestellt (daher auch die Bezeichnung **Sachtext**). Was der Verfasser oder die Verfasserin über diesen Sachverhalt sagt, musst du mit eigenen Worten knapp wiedergeben. Beschränke dich bei der Zusammenfassung auf die **wesentlichen Einzelheiten** und stelle dar, wie sie miteinander zusammenhängen.

Bevor du mit dem Schreiben deiner Zusammenfassung beginnst, musst du die Informationen aus dem Sachtext auswählen, die wirklich wichtig sind:

Schritt für Schritt

Eine Inhaltszusammenfassung vorbereiten

Arbeitsschritt 1 Lies den Text genau durch. **Markiere** beim Lesen alle Textstellen, denen du **wichtige Informationen** über das Thema entnehmen kannst. Schreibe dir Kommentare an den Rand, z. B.: „großer Einfluss von Influencern auf Jugend".

Arbeitsschritt 2 **Wähle** von den **Textstellen**, die du markiert hast, diejenigen aus, die du in deiner Zusammenfassung verwenden willst. Kennzeichne sie mit ✗.

Arbeitsschritt 3 Lege die **Reihenfolge** fest, in der du Informationen in deinem Text verwenden willst. Nummeriere die Textstellen, die du ausgewählt hast, entsprechend.

Anschließend schreibst du die Zusammenfassung. Am besten untergliederst du sie in **Einleitung**, **Hauptteil** und **Schluss**. So wird sie übersichtlich.

Auf einen Blick

Sachtexte zusammenfassen

Einleitung	Nenne die **Textsorte**, den **Titel**, den **Namen** des Verfassers oder der Verfasserin und die **Quelle** des Textes (d. h. wann und wo der Text erschienen ist). Bestimme außerdem das **Thema**. Wenn du nicht weißt, wie du die Textsorte nennen sollst, verwendest du einfach das Wort „Text".
Hauptteil	Wähle von den Informationen im Text diejenigen aus, die du für **besonders wichtig** hältst. Zähle sie nicht nur auf, sondern achte beim Schreiben darauf, **Zusammenhänge** herzustellen. Verwende dafür Konjunktionen (z. B. *als, wenn, nachdem, obwohl …*) und Adverbien (z. B. *anschließend, später, andererseits, beispielsweise, folglich …*).
Schluss	Abschließend kannst du ein **Fazit** ziehen, zum Beispiel über mögliche Probleme, die der beschriebene Sachverhalt mit sich bringt.

Tipp

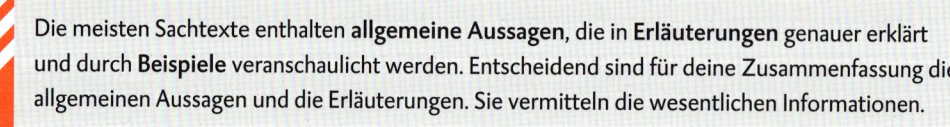

Die meisten Sachtexte enthalten **allgemeine Aussagen**, die in **Erläuterungen** genauer erklärt und durch **Beispiele** veranschaulicht werden. Entscheidend sind für deine Zusammenfassung die allgemeinen Aussagen und die Erläuterungen. Sie vermitteln die wesentlichen Informationen.

Allgemeine Aussagen, Erläuterungen und Beispiele kannst du so unterscheiden:

▶ **Allgemeine Aussagen** sind grundlegende Aussagen über etwas. Sie bringen wesentliche Beobachtungen mit kurzen Sätzen „auf den Punkt".
Beispiel: Die meisten Menschen lieben Geschenke.

▶ **Erläuterungen** erklären allgemeine Aussagen genauer und sind daher auch etwas länger. Sie können auch mögliche Gründe nennen oder Folgen aufzeigen.
Beispiel: Das ist verständlich, denn Geschenke machen glücklich.

▶ **Beispiele** beziehen sich auf besondere Fälle, die konkret genannt werden. Sie machen die Darstellung anschaulich, weil man beim Lesen eine Vorstellung zum beschriebenen Sachverhalt entwickeln kann.
Beispiel: Max hat sich über das neue Smartphone gefreut, das ihm seine Mutter zum Geburtstag geschenkt hat.

Übung 18

Aufgaben

1. Suche in M 1 nach den Informationen, die in den einleitenden Satz gehören, und trage sie stichpunktartig in der rechten Spalte der Tabelle ein.

Textsorte	
Titel	
Verfasserin / Verfasser	
Erscheinungs- datum	
Erscheinungsort	
Thema	

2. Es gibt ein Muster für den einleitenden Satz, das immer passt. Du kannst es dir einprägen und in der Prüfung nutzen, um den Einleitungssatz zu formulieren:

In dem Text „Titel" von Verfasser*in, erschienen am Erscheinungsdatum bei/in Erscheinungsort, geht es um Thema.

Hinweis: Wenn du die Textsorte kennst, kannst du diese auch einfügen, z. B. so:
In dem Bericht/der Reportage/dem Kommentar „..." von ... geht es um ...

Formuliere für die Zusammenfassung von M 1 den einleitenden Satz. Orientiere dich dabei an dem Muster. Nenne das Thema zunächst ganz allgemein.

_____

_____

_____

_____

3. Vervollständige deine Einleitung, indem du das Thema in einem zweiten Satz genauer bestimmst.

_____

_____

_____

_____

4. Kreuze an, ob es sich bei den folgenden Aussagen um allgemeine Aussagen (AA), Erläuterungen (E) oder Beispiele (B) handelt.

	AA	E	B
a) In den sozialen Medien werben Influencer für Produkte.	☐	☐	☐
b) Kinder, die diese Werbung sehen, wollen die Produkte kaufen.	☐	☐	☐
c) Ein Influencer führt vor, wie gerne er Gummibärchen isst.	☐	☐	☐
d) Eine andere Influencerin macht Werbung für Schokolade.	☐	☐	☐
e) Fachleute machen sich Sorgen um die Gesundheit von Kindern.	☐	☐	☐
f) Sie haben gemerkt, dass immer mehr Kinder übergewichtig sind.	☐	☐	☐
g) Das führen sie darauf zurück, dass sie sich ungesund ernähren.	☐	☐	☐

5. Unterstreiche in M 1 die allgemeinen Aussagen und die Erläuterungen, die für deine Zusammenfassung wichtig sind.

6. Schreibe nun den Hauptteil und den Schluss deiner Inhaltsangabe auf ein eigenes Blatt. Orientiere dich dabei an den allgemeinen Aussagen und Erläuterungen, die du in M 1 unterstrichen hast.

8.3   Textaussagen vergleichen

> In diesem Kapitel erfährst du, wie du die folgende Teilaufgabe aus der Musterprüfung bearbeiten kannst:
>
> - **Teilaufgabe 3:** Vergleiche die Materialien M 2 a und M 2 b im Hinblick darauf, welche Gründe für bzw. gegen ein Werbeverbot für Süßigkeiten sprechen. Belege deine Ausführungen am Text.

Wenn du aufgefordert wirst, Texte zu vergleichen, sollst du untersuchen, in welcher Hinsicht sie sich **gleichen** (ähnlich sind) und inwiefern sie sich **unterscheiden**. Gleich ist normalerweise das Thema, das die Materialien gemeinsam haben. Wichtig sind vor allem die **Unterschiede**. Sie zeigen die **Besonderheiten** jedes Textes, also welche spezielle inhaltliche Ausrichtung der Text hat.

Tipp

> In der Regel wird dir in der Aufgabenstellung gesagt, bezüglich **welcher Inhalte** du zwei Texte vergleichen sollst. Es kann z. B. sein, dass du Vor- und Nachteile, Ähnlichkeiten und Unterschiede oder Chancen und Risiken gegenüberstellen sollst.

Schritt für Schritt

Einen Vergleich vorbereiten

Arbeitsschritt 1   Lies die Aufgabenstellung genau durch und entscheide, worauf du bei deinem **Vergleich besonders achten** sollst.

Arbeitsschritt 2   Lege auf einem Blatt eine **zweispaltige Tabelle** an. Notiere über jeder Spalte den Aspekt, auf den du beim Vergleich achten sollst (z. B. Vorteile/Nachteile oder Ähnlichkeiten/Unterschiede).

Arbeitsschritt 3   Lies beide Texte noch einmal durch. Suche nach **Begründungen** für beide Positionen und trage sie jeweils in die passende Spalte ein. Notiere auch die Zeilenangabe.

Um deinen Vergleich aufzuschreiben, strukturierst du ihn am besten in dieser Reihenfolge:

Auf einen Blick

Texte vergleichen	
Gemeinsamkeiten	Schreibe auf, worin die **Gemeinsamkeiten** zwischen den beiden Texten bestehen. Hier reichen normalerweise ein oder zwei Sätze.
	Beispiel: *In beiden Texten geht es um die Frage, ob/warum/wie …*
Unterschiede	Gehe auf die **grundlegenden Unterschiede** ein, die zwischen den Aussagen der beiden Texte bestehen. Führe auch **Begründungen** an.
	Beispiele: *In Text 1 wird vor allem X als Gefahr für Jugendliche angesehen. Text 2 dagegen sieht Y als Hauptrisiko. … / Während Text 1 vor allem die Probleme anspricht, die X mit sich bringt, wird das Thema in Text 2 positiver gesehen. …*
Ergebnis	Oft bietet es sich an, den Vergleich **abzurunden**, indem du ein Ergebnis formulierst. Schreibe ein bis zwei Sätze.

Aufgaben

1. Vervollständige die Tabelle. Notiere weitere Begründungen für und gegen ein Werbeverbot von Süßigkeiten.

Gründe für ein Verbot von Süßig-keiten-Werbung	Gründe gegen ein Verbot von Süßig-keiten-Werbung
Werbung verführt Kinder zum Konsum von Süßigkeiten (M 2 a, Z. 5).	*Der Geschmack verführt Kinder zum Essen von Süßigkeiten, nicht die Werbung (M 2 b, Z. 2–4).*
Nur keine süßigkeiten zu essen hilf auch nicht ohne sport (M 2 b)	Kinder können zwischen werbung und echt nicht unterscheiden wenn sie ihre lieblings Youtube-stars zeichentrick figur oder fußballer sehen (M2, Z 6-7)
Süßigkeiten bekommen durch werbung ein gutes image	
Eltern sind verantwortlich	

2. Nutze deine Ergebnisse aus der Tabelle und schreibe einen zusammenhängenden Text, indem du einen Vergleich zwischen M 2 a und M 2 b ziehst. Schreibe auf ein eigenes Blatt.

8.4   Zu einer Aussage Stellung nehmen

> In diesem Kapitel erfährst du, wie du die folgende Teilaufgabe aus der Musterprüfung bearbeiten kannst:
>
> ● **Teilaufgabe 5:** Setze dich kritisch mit der folgenden Aussage einer Schülerin auseinander:
> *„Ein Werbeverbot für Süßigkeiten würde überhaupt nichts ändern. Kinder essen das, was ihnen schmeckt, und nicht das, wofür geworben wird."*
>
> – Nimm Stellung zu der Aussage.
> – Begründe deine Meinung.
> – Beziehe dich dabei auch auf die Materialien M 1 bis M 3.

Häufig wird dir zu dem Thema, um das es in den Materialien geht, die **Äußerung einer Schülerin oder eines Schülers** vorgelegt, zu der du **Stellung nehmen** sollst. Du musst dann sagen, was du von dieser Äußerung hältst: Findest du sie richtig oder falsch? Oder bist du unentschlossen? Alle drei Reaktionen sind möglich. Entscheidend ist, dass du deine Meinung überzeugend begründest.

Schritt für Schritt

Eine Stellungnahme schreiben

Arbeitsschritt **1**	Als Erstes gibst du kurz die **Schüleräußerung** wieder: Wird einem Text oder einer Textaussage zugestimmt? Oder wird daran Kritik geübt? Ein Satz genügt.
Arbeitsschritt **2**	Anschließend äußerst du **deine eigene Meinung**: Stimmst du der Äußerung zu? Oder hältst du sie für falsch? Hier genügt ein Satz.
Arbeitsschritt **3**	Um deine Meinung zu begründen, führst du überzeugende **Argumente** an. Das ist der entscheidende Teil deiner Stellungnahme. Verweise dabei auf geeignete Textstellen aus den Materialien. Zusätzlich kannst du dich auch auf eigene Erfahrungen beziehen. Schreibe vier bis fünf Sätze.
Arbeitsschritt **4**	Schließe deine Stellungnahme mit einem **Fazit** ab. Schreibe ein bis zwei Sätze, um deine Meinung noch einmal zu bekräftigen.

Zur Begründung deiner Meinung sollst du überzeugende **Argumente** anführen. Jedes überzeugende Argument besteht aus **drei Teilen**:

Auf einen Blick

Aufbau eines Arguments	
These	Mit einer These stellst du eine **Behauptung** auf. Beispiel: *Mitglied in einem sozialen Netzwerk zu sein, bringt einige Vorteile.*
Begründung	Anschließend ergänzt du eine Begründung. Damit **erklärst** du, warum **deine These** (deiner Ansicht nach) stimmt. Beispiel: *Man erweitert seinen Freundes- und Bekanntenkreis und kommt in Kontakt mit vielen Menschen, denen man sonst nie begegnen würde. Es kann sein, dass sie an Orten leben, an denen man noch nie gewesen ist.*
Beispiel	Mit einem Beispiel wird das **Argument anschaulich**: Wer es liest, kann sich dadurch besser vorstellen, wie die Begründung gemeint ist. Beispiel: *Über Facebook hatte meine Mutter sogar schon Kontakt mit einer Frau aus Australien. Sie musste nicht mal das Wohnzimmer verlassen, um sich mit ihr austauschen zu können.*

Tipp

Nicht immer findest du ein passendes **Beispiel**. Dann gibt es zwei Möglichkeiten: Entweder denkst du dir ein Beispiel aus. Das sollte dann möglichst glaubwürdig sein. Oder du ersetzt das fehlende Beispiel durch eine **ausführlichere Erläuterung**.

Aufgaben

Übung 20

1. In den folgenden Argumenten fehlt immer ein Bestandteil. Kreuze jeweils an, welcher Bestandteil des Arguments fehlt.

    a) Viele Eltern merken überhaupt nicht, dass ihre Kinder auf Social Media mit versteckten Werbebotschaften in Berührung kommen. Ein Grund dafür ist, dass sie nicht wissen, auf welchen Plattformen ihre Kinder aktiv sind.

    b) Vor allem jüngere Kinder lassen sich von Influencern zum Kauf von Süßigkeiten verführen. Der YouTube-Star Simon Desue erreicht zum Beispiel viele jugendliche Follower mit seiner Werbung für Süßigkeiten.

    c) Kinder merken oft gar nicht, dass Influencer für Produkte werben. In den sozialen Medien ist Werbung nämlich häufig nicht klar gekennzeichnet.

	These	Begründung	Beispiel oder Erläuterung
a)	☐	☐	☒
b)	☐	☒	☐
c)	☐	☐	☒

2. Vervollständige die Argumente von Aufgabe 1. Ergänze jeweils den Teil, der fehlt.

    a) „Mithilfe von influencern senden die Unternehmen ihre Werbebotschaf an den vorbei direct ins kinderzimmer und auf die Handys junger menschen" sagt Luise

    b) _____

    c) Eine Studie zeigt   Je jünger die zielgruppe desto unkritischer nehmen kinder die Werbebotschaft auf.

3. Schreibe nun eine vollständige Stellungnahme zu der Äußerung der Schülerin. Verwende dafür ein eigenes Blatt. Du kannst die Argumente aus den Aufgaben 1 und 2 benutzen, wenn sie für deine Stellungnahme passend sind.

▶ Original-Prüfungsaufgaben

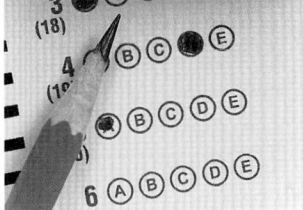

Zentrale Prüfung am Ende der Klasse 10 – NRW
Deutsch 2018 – Hauptschule Typ A/Gesamtschule GK

Erster Prüfungsteil: Leseverstehen

Dana Kim Hansen: Bernd, das Buch – „lebende Bibliothek" birgt[1] menschliche Schätze

1 birgt: enthält

(1) *Hingehen, Buch ausleihen, lesen, wieder zurückbringen. So funktioniert eine Bibliothek. Eine besondere Bücherei bietet ein kirchlicher Wohlfahrtsverband in Köln[2] an.*
5 *Denn hier können die Bücher sprechen – so wie beispielsweise Bernd.*

(2) Gespannt lauscht die Schülergruppe den Worten von Bernd. In einem Stuhlkreis sitzen sie um den ehemals Woh-
10 nungslosen herum. Er erzählt seine Geschichte. Vom Verlust der Wohnung, seiner Zeit im Übergangsheim und dem Moment, in dem er endlich wieder eine eigene Wohnung bekam. Bernd ist ein „le-
15 bendes Buch" – die Schülergruppe hat ihn sich ausgeliehen.

(3) Bernd ist als sprechendes Buch Teil der „Lebenden Bibliothek". Dieses Mal macht das Projekt von Sabine Kern im
20 Genoveva-Gymnasium in Köln-Mülheim Station. Das Prinzip der Bücherei mit den sprechenden Schmökern[3] ist schnell erklärt. Es entspricht dem einer klassischen[4] Bibliothek. Nur dass sich die Teilnehmer
25 anstatt der üblichen Bücher „lebende Bücher" ausleihen. Menschen, die ihnen dann ihre Geschichte erzählen. 30 Minuten Zeit bleibt den Lesern für ein „Buch".

(4) Ziel dieser besonderen Bibliothek sei
30 es, einen Raum für Begegnungen zwischen Menschen zu schaffen, die sich unter alltäglichen Umständen nicht treffen würden, erklärt Projektleiterin Sabine Kern. „Wir sind immer schnell dabei, Leu-
35 te in Schubladen zu kategorisieren[5]." Bei der „Lebenden Bibliothek" könnten die Leser mit den Menschen sprechen, die sonst vielleicht unbeachtet bleiben. Es gehe vor allem darum, Vorurteile abzubauen.

40 **(5)** Die Idee der „Lebenden Bibliothek" stammt aus Dänemark. Kennengelernt hat Sabine Kern sie aber während einer Reise in Wien und von da aus mit nach

Köln gebracht. Bei jeder Veranstaltung hat
45 die Projektleiterin andere „Bücher" dabei. Auch die Suche nach neuen „Exemplaren" für den Bestand gehört zu ihren Aufgaben. Und das lässt Sabine Kern selbst in ihrer Freizeit nicht los. Letztens habe sie
50 im Fernsehen eine Dokumentation über einen Jäger gesehen. Einen Jäger, den brauchen wir unbedingt noch als „Buch", habe sie gedacht. „Oder einen Astronauten, den hätte ich auch gerne." Da die Ver-
55 anstaltung am Genoveva-Gymnasium im Rahmen der „Woche des Respekts" stattfindet, hat Sabine Kern diesmal „Bücher" rund um dieses Thema ausgewählt. „Ich habe überlegt, wem gegenüber man Res-
60 pekt haben kann." So hat sie unter anderem zwei Polizistinnen, einen Veganer[6], einen jungen jüdischen Mann, eine blinde Schriftstellerin, eine moderne Muslima mit Kopftuch oder eben den ehemals woh-
65 nungslosen Bernd mitgenommen.

(6) Die Gruppe, die sich den früheren Obdachlosen ausgeliehen hat, ist mittlerweile im Gespräch vertieft. Eine Schülerin findet: „Es ist doch besser, in einer Ein-
70 richtung zu wohnen als auf der Straße." Bernd berichtet daraufhin aus seiner Zeit im Übergangsheim. „Es gab Anwesenheitspflicht, von 21 bis 7 Uhr morgens war die Tür zu. Jede Woche musste ein
75 anderer der acht Mitbewohner kochen. Es gab Verantwortliche fürs Putzen, den Einkauf." Mit solchen Regeln und Strukturen komme nicht jeder klar. Das Regelmäßige könne überfordernd sein. Er selbst habe
80 sich auch manchmal wie in einem Gefängnis gefühlt. Umso schöner sei es gewesen, endlich wieder eine Wohnung für sich zu haben. Wie dieser Moment für ihn gewesen sei, wollen die Schüler wissen.
85 „Ein tolles Gefühl", antwortet Bernd. „Der Inbegriff von Freiheit und Leben."

2 Gemeint ist der katholische Diözesan-Caritasverband Köln (eine Organisation, die Menschen in Not hilft).

6 Veganer: jemand, der jede Nahrung ablehnt, die tierischen Ursprungs ist

3 Schmöker: umgangssprachliche Bezeichnung für ein dickes, fesselndes Buch

4 klassisch: hier in der Bedeutung von: herkömmlich, traditionell

5 in Schubladen zu kategorisieren: bildlicher Ausdruck für: Leute zu bewerten und einzuordnen

(7) Inzwischen könne er seine Geschichte fremden Menschen erzählen. Das sei aber nicht immer so gewesen. Erst im Laufe der Zeit habe er gemerkt, dass ihm das Erzählen helfe. Heute kann er sagen: „Ich habe eine Schädigung erlebt." Seit einem Jahr ist Bernd jetzt als „Buch" bei der „Lebenden Bibliothek" dabei. Dieses Engagement[7] hat für ihn einen besonderen Wert. Er wolle mit seiner Geschichte den Lesern zeigen, dass niemand abseits stehen muss. „Wer Hilfe annimmt, der bekommt sie auch."

(8) Den Schülern hat besonders Bernds Offenheit gefallen. „Wir konnten alles fragen, er hat keine Antwort abgelehnt." Die Schilderungen der „lebenden Bücher" seien beeindruckend: „Sie erzählen nicht einfach irgendwas, sondern das, was sie selbst erlebt haben."

7 Engagement: persönlicher Einsatz

Quelle: Dana Kim Hansen: Bernd, das Buch. 12. 12. 2016; https://www.domradio.de/themen/erzbistum-koeln/2016-12-12/lebende-bibliothek-birgt-menschliche-schaetze (Zugriff: 06. 02. 2018) (Text geringfügig verändert).

Aufgaben

1. Kreuze die richtige Antwort an.

   Im Unterschied zu anderen Bibliotheken kann man in der Kölner Bibliothek (Abschnitt 1) ...

   a) ☐ nur religiöse Bücher ausleihen.

   b) ☐ Bücher nur für einen Tag ausleihen.

   c) ☐ sprechende Bücher ausleihen.

   d) ☐ Bücher auch an Sonntagen ausleihen.

2. Kreuze die richtige Antwort an.

   Der ehemalige Wohnungslose Bernd wird als „lebendes Buch" bezeichnet (Abschnitt 2), weil ...

   a) ☐ er in seinem Leben viele unglaubliche Dinge erlebt hat.

   b) ☐ er seine Geschichte sehr lebendig und anschaulich erzählt.

   c) ☐ die Schüler seiner Lebensgeschichte sehr gespannt zuhören.

   d) ☐ man ihn ausleihen und seiner Lebensgeschichte zuhören kann.

3. Kreuze die richtige Antwort an.

   „30 Minuten Zeit [...] für ein ‚Buch'" (Abschnitt 3) bedeutet, dass ...

   a) ☐ sich Schülerinnen und Schüler täglich 30 Minuten Zeit für das Lesen nehmen.

   b) ☐ jemand den Schülerinnen und Schülern 30 Minuten aus seinem Leben erzählt.

   c) ☐ die Seitenzahl des Buches so gering ist, dass man es in 30 Minuten lesen kann.

   d) ☐ man sich nach 30 Minuten entscheiden muss, ob man das Buch ausleihen will.

4. Kreuze die richtige Antwort an.

Mit der „Lebenden Bibliothek" begegnet man Menschen (Abschnitt 4), die …

a) ☐ man bis dahin nur beobachtet hat.

b) ☐ man möglicherweise nicht wahrgenommen hätte.

c) ☐ lange auf ein Gespräch warten mussten.

d) ☐ über alltägliche Dinge sprechen wollen.

5. Bringe den Weg, den die Idee der „Lebenden Bibliothek" genommen hat (Abschnitt 5), in die richtige Reihenfolge.

Weg	Reihenfolge: 1, 2, 3, 4
a) Köln	☐
b) Genoveva-Gymnasium	☐
c) Wien	☐
d) Dänemark	☐

6. Kreuze die richtige Antwort an.

Zu den Aufgaben der Projektleiterin gehört auch die Suche nach (Abschnitt 5) …

a) ☐ spannenden Dokumentationen über Jäger.

b) ☐ einem Buch über Astronauten.

c) ☐ neuen interessanten Menschen.

d) ☐ einer großen Veranstaltung.

7. Kreuze die richtige Antwort an.

In einem Übergangsheim (Abschnitt 6) …

a) ☐ kann man nur über Tag bleiben.

b) ☐ muss man sich an festgelegte Zeiten halten.

c) ☐ kann man immer umsonst essen.

d) ☐ muss man sein eigenes Zimmer säubern.

8. Erläutere im Textzusammenhang, warum sich Bernd im Übergangswohnheim *„manchmal wie in einem Gefängnis"* (Abschnitt 6) gefühlt hat.

_____

_____

_____

_____

_____

9. Kreuze die richtige Antwort an.

Bernd musste erst lernen (Abschnitt 7), …

a) ☐ den Wert seiner Arbeit einzuschätzen.

b) ☐ andere Menschen um Hilfe zu bitten.

c) ☐ im Wohnheim zurechtzukommen.

d) ☐ über sein Leben zu sprechen.

10. Kreuze die richtige Antwort an.

Bernd möchte andere dazu ermutigen (Abschnitt 7), Hilfe …

a) ☐ anzufragen.

b) ☐ anzubieten.

c) ☐ abzulehnen.

d) ☐ anzunehmen.

11. Kreuze die richtige Antwort an.

Die Schülerinnen und Schüler schätzen an den „lebenden Büchern" (Abschnitt 8), dass diese …

a) ☐ eigene Erfahrungen schildern.

b) ☐ gute Geschichten erfinden.

c) ☐ einfach irgendwas erzählen.

d) ☐ von Niederlagen berichten.

12. Nach dem Lesen des Textes sagt ein Schüler:

„Eine ‚lebende Bibliothek' ist eine gute Alternative zu geschriebenen Büchern."

Schreibe eine kurze Stellungnahme zu dieser Aussage. Du kannst der Auffassung zustimmen oder nicht. Wichtig ist, dass du deine Meinung begründest. Beziehe dich dabei auf den Text.

_____

_____

_____

_____

_____

_____

_____

_____

_____

Zweiter Prüfungsteil

Der zweite Prüfungsteil enthält **zwei Wahlthemen**, von denen **eines** von dir ausgewählt und bearbeitet werden muss.

Wahlthema 1

Lies bitte zunächst den Text, bevor du die Aufgaben bearbeitest.
Schreibe einen zusammenhängenden Text.

Aufgabe

Analysiere den Textauszug aus dem Roman „Skizze eines Sommers" von André Kubiczek.

Gehe dabei so vor:

▶ Schreibe eine Einleitung, in der du Textsorte, Titel, Autor und Erscheinungsjahr benennst sowie das Thema formulierst.

▶ Fasse den Text kurz zusammen.

▶ Stelle dar, wie René und das Mädchen sich vor der beschriebenen Begegnung einander angenähert haben.

▶ Untersuche, wie durch sprachliche und formale Mittel deutlich wird, wie unsicher René ist, als er mit dem Mädchen Kontakt aufnimmt (Z. 37–64) *(mögliche Aspekte: Satzbau, Satzart, Zeichensetzung)*.

▶ Erläutere, wie sich die Begegnung zwischen René und dem Mädchen entwickelt und welche Bedeutung in diesem Zusammenhang die Schuhe der beiden haben.

▶ Verfasse einen kurzen Text aus der Sicht des Mädchens:
  – Welche Gedanken gehen dem Mädchen durch den Kopf, als es auf dem Weg nach Hause noch einmal über die Begegnung mit René nachdenkt?
  – Wie bewertet es sein eigenes Verhalten und das des Jungen?

Schreibe in der Ich-Form und berücksichtige die Informationen, die der Textauszug gibt.

André Kubiczek: Skizze eines Sommers (Textauszug)

Der 16-jährige René ist in ein Mädchen verliebt, das er manchmal in der Stadt sieht. Eines Tages sitzt er auf einer Bank und liest ein Buch. Gedankenverloren schaut er hoch zu den Wolken und senkt dann wieder den Blick.

1 Ich sah, wie das Mädchen sich in genau dem Moment abwenden wollte, als mein Blick wieder zur Erde zurückkehrte. Was bedeutete, dass es mich eine Weile beob-
5 achtet haben musste, als ich nach oben gestarrt hatte, in den Himmel. Und wie es kurz stehenblieb, als es bemerkte, dass ich es erkannt hatte:
Das Mädchen, dessen Namen ich nicht
10 wusste.

Das allerschönste auf der ganzen, weiten Welt.
Das im *Orion*[1] nie zur falschen Musik tanzte.
15 Und wisst ihr was?
Ich blieb ganz ruhig. Höchstens, dass mein Herz ein bisschen schneller klopfte. Und anders als sonst, als sich unsere Blicke trafen, guckte ich nicht sofort wieder weg.

[1] *Orion: hier: Name einer Discothek*

20 Denn natürlich hatten sich unsere Blicke schon oft getroffen, im *Orion,* zwischen den Regalen der Kaufhalle oder an der Straßenbahnhaltestelle. Und die letzten drei Male hatten wir uns sogar zugelächelt, aus
25 der Ferne und keine ganze Sekunde lang und nur wenn es einen gewissen Sicherheitsabstand gegeben hatte von mindestens zwanzig Metern, bevor wir uns wieder unseren Freunden zugewendet hatten
30 oder wem auch immer.
Diesmal aber hielt ich ihrem Blick stand, und auch sie sah ein bisschen länger zu mir rüber als sonst, bevor sie ihren Blick schließlich doch auf die Gehwegplatten
35 fallen ließ, direkt vor ihre Füße.
In den Staub.
– Aber da musste sie längst gesehen haben, wie ich meine Hand gehoben hatte, um ihr zuzuwinken. Ich nahm die Hand wie-
40 der runter und klappte das Buch zu, und sie stand da und starrte ihre Fußspitzen an. Jetzt hob sie den Blick wieder und sah mich an, und … sie lächelte und … sie wandte sich nicht ab, sondern – im Gegen-
45 teil – kam langsam heran.
Ich fixierte² die hochstehenden Laschen ihrer Schuhe. Sie wurden immer größer, sie kamen immer näher, und ich wusste nicht, was ich machen sollte.
50 Aufstehen?
Sitzen bleiben?
Hand zur Begrüßung reichen?
Meinen Geburtstag erwähnen und sie einladen zu der Feier, die möglicherweise gar
55 nicht stattfand?
„Hi", hörte ich sie sagen, als die Spitzen ihrer weißen Turnschuhe keine dreißig Zentimeter mehr von den Spitzen meiner abblätternden weißen Säuretreter³ ent-
60 fernt waren. Zwei schöne Paar Schuhe, dachte ich, die passen ganz hervorragend zusammen.
„Hi." Leider fiel mir nichts Originelleres
– als Antwort ein.
65 Ich hatte eine Gänsehaut bekommen. Sie war jetzt wirklich ganz nah bei mir. Mit der ausgestreckten Hand hätte ich ihren Bauch berühren können. Und dann diese

Stimme. Klar, es war eine ganz normale
70 Stimme, was soll man schon sagen über eine Stimme, nicht zu hoch, nicht zu tief, aber es war eben *ihre.*
Mir fiel auf, dass ein paar Leute, die über den Keplerplatz schlenderten, uns ko-
75 misch anguckten. Es war immer das Gleiche: Man musste nur schnell und ruckartig den Kopf in irgendeine Richtung drehen, und schon hatte man jemanden erwischt beim Starren, obwohl nicht
80 mehr viel los war um diese Zeit, ein paar übriggebliebene Kinder, Normalo-Jugendliche in kurzen Hosen, Erwachsene auf dem Weg in die Gaststätte.
„Geht's dir gut?" Das Mädchen sah zu mir
85 herunter. Tonfall ironischer Sorge, Gesicht leicht spöttisch.
„Du hast gerade gezuckt."
„Ich hab was ausprobiert."
„Was denn?"
90 „Ach …" Ich winkte ab. Es schien mir in diesem Augenblick unmöglich, ihr zu erklären, was das Kopfrucken für einen Sinn hatte. Nämlich die Glotzer in flagranti⁴ zu ertappen.
95 „Sag ruhig!"
„Du hast schöne Schuhe", sagte ich stattdessen.
„Danke", sagte das Mädchen, dessen Namen ich nicht wusste, „du auch."
100 „Na ja. – Willst du dich hinsetzen?"
„Ja." Jetzt war nur noch mein Buch zwischen uns, das blau schimmerte. „Liest du gerne?"
„Ja, schon", sagte ich.
105 „Das ist schön."
„Findest du?"
„Na und ob. – Ich lese auch gern." Wir schwiegen ein paar Augenblicke lang. Ich traute mich nämlich keinesfalls zu fragen,
110 was sie so las, denn ich wollte nicht enttäuscht sein, wenn es irgend so ein gewöhnlicher Müll war.
Weil wir nebeneinandersaßen, mussten wir uns jetzt nicht mehr ansehen, das
115 heißt, wir mussten es nicht mehr vermeiden, uns anzusehen, indem wir knapp aneinander vorbeiguckten.

4 in flagranti: auf frischer Tat

2 fixieren: hier: auf etwas starren

3 Säuretreter: René sagt an einer anderen Stelle, seine alten Schuhe sähen so aus, als seien sie in ein Säurebad gefallen.

Quelle: André Kubiczek: Skizze eines Sommers. Berlin: Rowohlt 2016, S. 98 –101 (Text gekürzt und geringfügig verändert)

Wahlthema 2

Lies bitte zunächst die Aufgabe und dann die Materialien aufmerksam durch, bevor du mit dem Schreiben beginnst.

Schreibe einen zusammenhängenden Text.

Aufgabe

Untersuche die Materialien M 1, M 2 und M 3.

Gehe dabei so vor:

▶ Benenne das gemeinsame Thema von M 1, M 2 und M 3.

▶ Fasse die Informationen aus M 1 zusammen.

▶ Stelle die Aussagen aus M 2 und M 3 mit eigenen Worten dar. Vergleiche die beiden Positionen im Hinblick darauf, welche Auswirkungen ein späterer Unterrichtsbeginn auf die Freizeitgestaltung und die Kontakte zu Freunden haben kann. Belege deine Ausführungen am Text.

▶ Setze dich kritisch mit der folgenden Aussage einer Schülerin auseinander:

„Je später der Unterricht beginnt, desto größer ist die Motivation der Schülerinnen und Schüler."

– Nimm Stellung zu der Aussage.
  Begründe deine Meinung.
– Beziehe dich dabei auch auf die Materialien M 1 bis M 3.

M 1: Stefanie Reinberger: Frühaufsteher und Langschläfer

1 Menschen ticken nicht alle gleich. Es gibt ausgeprägte Frühaufsteher, sogenannte Lerchen, die abends entsprechend zeitig ins Bett gehen. „Eulen" dagegen sind noch bis spät in die Nacht leistungsfähig, müssen aber dafür morgens länger schlafen. Zwischen diesen beiden Typen existieren alle denkbaren Zwischenformen.

5 Doch auch das Alter hat einen Einfluss auf unseren inneren Rhythmus. Kleine Kinder sind in der Regel früh dran – ebenso wie ältere Menschen. In der Pubertät jedoch, das haben Chronobiologen[1] längst herausgefunden, verschiebt sich der Schlaf-wach-Rhythmus deutlich nach hinten – und zwar völlig unabhängig davon, ob der betreffende Teenager grundsätzlich eher zu den Eulen oder zu den Lerchen zählt. Warum das so ist, kann

10 niemand mit Sicherheit sagen. Klar ist: Dass Jugendliche abends nicht müde werden und morgens nicht aus den Federn kommen, ist keine Modeerscheinung moderner Großstädter. „Wir beobachten dieses Phänomen[2] auf der ganzen Welt und in allen Kulturen", so der Chronobiologe Thomas Kantermann.

Unabhängig davon, ob Pubertierende eher Frühaufsteher oder Langschläfer sind – klingelt

15 an Schultagen um 7 Uhr morgens der Wecker, ist es für die Schüler gefühlt noch mitten in der Nacht.

Ab dem 20. Lebensjahr sind Frauen, ab dem 21. auch Männer wieder früher dran – ein Trend, der sich über das weitere Leben fortsetzt.

Quelle: Stefanie Reinberger: Acht Uhr ist zu früh zum Lernen. http://www.spektrum.de/news/acht-uhr-ist-zu-frueh-zum-lemen/1344381?_druck=1 (Zugriff: 12. 02. 2018) (Text gekürzt und geringfügig verändert)

1 *Chronobiologen: Wissenschaftler, die sich z. B. mit dem Schlaf-wach-Rhythmus (Wechsel von Schlafen und Wachsein) beschäftigen*

2 *Phänomen: hier: Tatsache*

M 2: Soll die Schule erst um neun Uhr beginnen?

Selina Maas (14 Jahre)

1 Ich fänd es deutlich besser, wenn die Schule erst um neun anfangen würde – weil ich dann nicht fast jeden Tag erst in letzter Sekunde, bevor der Unterricht beginnt, in den Klassenraum kommen würde. Denn ich könnte ja eine Stunde länger schlafen. Meiner Meinung nach kommt man dann viel entspannter und fröhlicher in die Schule, da man ausge-
5 schlafen ist und sich nicht abhetzen musste. Das ist auch ein Vorteil bei Klassenarbeiten. Und: Die Lehrer, die ja auch später anfangen würden, wären wahrscheinlich auch besser gelaunt.

Zwar wäre man nachmittags auch erst eine Stunde später zu Hause und hätte weniger Freizeit am Nachmittag. Aber dafür könnte man abends länger weggehen. Viele befürch-
10 ten vielleicht, sie hätten dann nicht mehr so viel Zeit für ihre Freunde. Aber ich finde das nicht schlimm, da man seine Freunde ja in der Schule sieht. Und: Auch bei den Freunden würde sich die Freizeit ja Richtung Abend verschieben. Man müsste gemeinsame Aktivitäten also einfach nur ein wenig neu organisieren.

Außerdem wäre der späte Beginn speziell im Winter besser, weil es frühmorgens noch
15 sehr dunkel ist. Für die vielen Schüler, die mit dem Rad zur Schule kommen, kann das ein Problem sein. Um neun Uhr ist es schon heller.

Quelle: Selina Maas: Soll die Schule erst um 9 Uhr beginnen? https://www.nrz.de/nrz-info/soll-die-schule-erst-urn-neun-uhr-beginnen-id552980.html (Zugriff: 12. 02. 2018) (Text gekürzt und geringfügig verändert)

M 3: Soll die Schule erst um neun Uhr beginnen?

Sarah Händler (17 Jahre)

1 Warum sollte alles auf einmal anders werden, nur weil wir Schüler eine Stunde länger schlafen können? Es geht schließlich nicht nur darum, wann man aufsteht, sondern darum, wie lange man schläft.

Jeder von uns kennt das doch: Ein spannender Film, ein wichtiges Telefonat mit Freunden
5 oder Hausaufgaben, die unbedingt noch erledigt werden müssen – an manchen Abenden wird es einfach spät und später, da liegt man dann halt erst um ein Uhr im Bett. Und am nächsten Morgen fehlt der Schlaf. Wir sind todmüde und können uns beim besten Willen nicht konzentrieren.

Doch eigentlich wissen wir, dass wir früh aufstehen müssen – und sollten uns die Abende
10 auch so einteilen. Wüsste ich, dass ich eine Stunde länger schlafen könnte, würde ich mit meiner Freundin noch eine Stunde länger telefonieren, denn ich kann ja am nächsten Morgen ausschlafen ... Und dann sitze ich wieder total übermüdet in der Schule.

Und eins dürfen wir nicht vergessen: Die Stundenpläne werden immer voller, wir kommen immer später erst nach Hause. So endet mein Unterricht teils erst um fünf Uhr. Dazu
15 kommt jetzt wahrscheinlich noch eine gesetzlich verordnete Mittagspause. Und dann noch eine Stunde später Schulbeginn? Ich wäre um sieben Uhr wieder zu Hause. Keine Chance mehr, seinen Hobbys nachzugehen oder Freunde zu treffen. Auch mit Hausaufgaben würde es dann schon eng werden.

Dasselbe gilt natürlich auch für sechs Stunden Unterricht. Wir sind dann eine Stunde
20 später zu Hause. Eine Stunde weniger Zeit, das zu tun, was wir wirklich wollten. Eine Stunde weniger Freizeit.

Außerdem ist es später in der Arbeitswelt genauso. Da wartet euer Arbeitgeber auch nicht, bis ihr ausgeschlafen seid. Für viele Berufe muss man halt sehr früh aufstehen, und daran wird sich auch nichts ändern. Da ist die Schule doch genau die richtige Vorbereitung drauf.

Quelle: Sarah Händler: Soll die Schule erst um 9 Uhr beginnen? https://www.nrz.de/nrz-info/soll-die-schule-erst-urn-neun-uhr-beginnen-id552980.htrnl (Zugriff: 12. 02. 2018) (Text gekürzt und geringfügig verändert)

Zentrale Prüfung am Ende der Klasse 10 – NRW
Deutsch 2019 – Hauptschule Typ A/Gesamtschule GK

Erster Prüfungsteil: Leseverstehen

Katrin Blawat: Guck mal, eine Ba-na-ne!

(1) Vieles im Leben funktioniert bestens, ohne dass die Wissenschaft jedes Detail[1] verstanden hätte. Ein Beispiel dafür ist die sehr spezielle Art, mit der Mütter, Väter,
5 aber auch andere Erwachsene und ältere Geschwister mit Babys und Kleinkindern sprechen: in auffallend hoher Stimmlage, langsam und überdeutlich artikuliert[2] und in kurzen, einfachen Sätzen – Baby-
10 sprache eben. Wer sich einem Säugling gegenüber sieht, verfällt fast automatisch in diese Sprechweise. Gut so. Denn während Eltern sich zuweilen leicht verblödet vorkommen, wenn sie den Großteil des
15 Tages in Babysprache kommunizieren, sagt die Wissenschaft eindeutig: Die sogenannte kindgerichtete Sprache tut den Kleinsten gut.

(2) „Eltern, die kindgerichtete Sprache
20 anwenden, fördern den Spracherwerb ihrer Kinder", schreibt ein Team um Roberta Michnick Golinkoff von der University of Delaware in einer psychologischen Fachzeitschrift. So weit, so klar. Doch
25 worauf die hilfreiche Wirkung der Babysprache im Detail beruht, weiß niemand sicher. Verkürzt gesagt: Jeder verwendet Babysprache – doch keiner weiß, warum und wie sie im Detail funktioniert. Golin-
30 koff und ihre Co-Autoren drücken es so aus: „Die Frage ist nicht, ob kindgerichtete Sprache eine Rolle für die Sprachentwicklung spielt, sondern wie und wann."

(3) Klar ist immerhin, dass sie bei den
35 Adressaten[3] gut ankommt. „Einige Studien zeigen, dass Babys die kindgerichtete Sprache bevorzugen", sagt Bettina Braun, Leiterin des Babysprachlabors der Uni Konstanz. Untersucht werden solche Prä-
40 ferenzen[4], indem man den Kindern aus Lautsprechern Sätze vorspielt, jeweils in Baby- und in Erwachsenensprache. Das Abspielen endet, sobald sich das Kind vom jeweiligen Lautsprecher abwendet –
45 ein Zeichen für nachlassende Aufmerksamkeit. Dazu kommt es im Fall der Erwachsenensprache leichter.

(4) Zu den auffälligsten Merkmalen der Babysprache zählen die hohe Stimmlage,
50 die überdeutliche Aussprache vor allem der Vokale[5] und längere Pausen. So produzierten Mütter in einer Studie durchschnittlich pro Sekunde 5,8 Silben, wenn sie sich mit anderen Erwachsenen unter-
55 hielten. Sprachen sie zu ihren Neugeborenen, kamen sie hingegen nur auf 4,2 Silben pro Sekunde. Begleitet werden die Worte typischerweise von einer ausgeprägten Mimik[6]: Reden Mutter oder Vater
60 mit ihrem Baby, lächeln sie mehr und breiter, als wenn sie sich miteinander unterhalten.

(5) Laut einer vor drei Jahren veröffentlichten Untersuchung hatten Kinder, die
65 im Alter von einem Jahr viel Babysprache gehört hatten, mit zwei Jahren einen größeren Wortschatz als Gleichaltrige, mit denen zuvor häufiger in normaler Tonlage und Betonung gesprochen wurde. Baby-
70 sprache helfe dem Kind, seine Aufmerksamkeit auf das Gesagte und den Sprecher zu lenken, schreibt das Team um Jae Yung Song von der Brown University in Providence, Rhode Island, in einer Fachzeit-
75 schrift.

(6) Für die Autoren beruht dieser Effekt ausschließlich auf der langsameren Sprechgeschwindigkeit und der überdeutlichen Aussprache der Vokale. Die
80 hohe Stimmlage spielt ihrer Studie zufolge hingegen keine Rolle. Die Forscher hatten untersucht, wie aufmerksam 19 Monate alte Babys auf die Frage „Wo ist das Buch?" lauschten. Den Satz hörten die
85 Kinder sowohl in der üblichen kindgerichteten Sprache als auch technisch manipuliert[7], sodass zum Beispiel allein die

1 *Detail: Einzelheit*

2 *artikulieren: etwas in Worte fassen, ausdrücken*

5 *Vokale: Selbstlaute a. e. i. o. u*

6 *Mimik: sichtbare Bewegungen der Gesichtsoberfläche*

3 *Adressat: Empfänger*

4 *Präferenz: Vorliebe, Neigung*

7 *manipuliert: beeinflusst, verändert*

Stimmlage als Merkmal der Babysprache erhalten blieb. In diesem Fall stellten sie
90 keine Unterschiede zwischen kind- und erwachsenengerichteter Sprache fest – ein Hinweis darauf, dass die hohe Stimmlage wenig entscheidend sein könnte.

(7) Dem widerspricht jedoch eine Grup-
95 pe um Anne Fernald von der Stanford University. Ihr zufolge liegt es vor allem an der Tonhöhe, dass Kinder Äußerungen in Babysprache mehr Aufmerksamkeit schenken. Bettina Braun und ihre Mit-
100 arbeiter wiederum haben in ihrem Labor ermittelt, dass unter anderem ein hoher Stimmton auf betonten Silben (etwa auf dem „na" in „Banane") Babys zu erkennen hilft, wann ein Wort endet und ein
105 neues beginnt. Damit sich die vielen und

zum Teil widersprüchlichen Einzelergebnisse künftig besser vergleichen lassen, läuft derzeit ein gemeinsames Projekt mehrerer Babysprachlabore in den USA,
110 Großbritannien und Deutschland.

(8) Für Eltern aber hat Bettina Braun schon jetzt eine beruhigende Botschaft: Vermutlich helfe es einem Kind beim Sprechenlernen, wenn es möglichst ab-
115 wechslungsreichen Input[8] erhalte – wie es im Alltag automatisch geschieht. Mama und Papa reden anders mit ihm als Oma und Opa, und Geschwister, Erzieher oder Nachbarn haben noch einmal ihre eigene
120 Art der Kommunikation. Vor allem betont die Konstanzer Wissenschaftlerin: „Eltern müssen sich sprachlich nicht ‚verbiegen', damit das Kind sprechen lernt."

8 *Input: Eingabe, etwas von außen Zugeführtes*

Quelle: Süddeutsche Zeitung, 04.08.2017 (Text gekürzt und geringfügig verändert)

Aufgaben

1. Kreuze die richtige Antwort an.

   Unter Babysprache versteht man (Abschnitt 1) eine ...

   a) ☐ besondere Art und Weise, in der Geschwister miteinander reden.

   b) ☐ Sprache, die nur für die Eltern eines Babys verständlich ist.

   c) ☐ an das Baby gerichtete Sprechweise.

   d) ☐ automatische Redeweise.

2. Kreuze die richtige Antwort an.

   Kommunikation in Babysprache (Abschnitt 1) ist für Säuglinge ...

   a) ☐ einschüchternd.

   b) ☐ ermüdend.

   c) ☐ hemmend.

   d) ☐ förderlich.

3. Kreuze die richtige Antwort an.

   Wissenschaftler sind der Meinung, dass Babysprache (Abschnitt 2) ...

   a) ☐ eine angenehme Wirkung auf Eltern ausübt.

   b) ☐ für die Sprachentwicklung bedeutend ist.

   c) ☐ immer erlernt werden muss.

   d) ☐ nur manchmal hilfreich ist.

4. Kreuze die richtige Antwort an.

Ungeklärt ist aber noch (Abschnitt 2), ...

a) ☐ aus welchem Grund und wie die Babysprache eigentlich funktioniert.

b) ☐ ob die Wissenschaftler zum Spracherwerb weiter forschen werden.

c) ☐ welche Rolle Sprache bei der Entwicklung eines Kindes spielt.

d) ☐ ob Babysprache in anderen sozialen Bereichen hilfreich ist.

5. Kreuze die richtige Antwort an.

Überprüft wurde die Wirkung kindgerichteter Sprache auf Babys
(Abschnitt 3) ...

a) ☐ mithilfe von Eltern-Kind-Beobachtungen im Sprachlabor.

b) ☐ mit dem Abspielen von Sprachaufnahmen der Kinder.

c) ☐ mit dem Abspielen unterschiedlicher Aufnahmen.

d) ☐ mithilfe technisch bearbeiteter Lautsprecher.

6. Kreuze die richtige Antwort an.

Mütter sprechen mit (Abschnitt 4) ...

a) ☐ Erwachsenen deutlicher als mit ihren Babys.

b) ☐ den Vätern so deutlich wie mit ihren Babys.

c) ☐ ihren Babys betont langsam und deutlich.

d) ☐ Babys deutlicher als deren Väter.

7. Stelle den Zusammenhang zwischen kindgerichteter Sprache und Wortschatz
in der Entwicklung eines Kindes dar (Abschnitt 5).

_____

_____

_____

_____

_____

_____

8. Kreuze die richtige Antwort an.

Laut einem Wissenschaftlerteam der Brown University hören Babys Sprechenden besonders aufmerksam zu (Abschnitte 5 und 6), wenn ...

a) ☐ die Stimmlage hoch ist.

b) ☐ das Sprechtempo gering ist.

c) ☐ Sätze laut gesprochen werden.

d) ☐ kurze Sätze gesprochen werden.

9. Kreuze die richtige Antwort an.

Um die unterschiedlichen Untersuchungsergebnisse zur Babysprache besser vergleichen zu können (Abschnitt 7), ...

a) ☐ gründet die Stanford University ein neues Sprachlabor.

b) ☐ arbeiten Wissenschaftler international zusammen.

c) ☐ werden einzelne Ergebnisse nochmals überprüft.

d) ☐ werden einzelne Untersuchungen wiederholt.

10. Kreuze die richtige Antwort an.

Wissenschaftler der Stanford University sind der Auffassung (Abschnitt 7), dass eine bewusst hohe Stimmlage des Sprechenden ...

a) ☐ die Aufmerksamkeit eines Kleinkindes erhöht.

b) ☐ das Verhalten eines Kindes verändern wird.

c) ☐ zu widersprüchlichen Ergebnissen führt.

d) ☐ günstig für Betonungen von Silben ist.

11. Kreuze die richtige Antwort an.

Mit der Aussage „Eltern müssen sich sprachlich nicht ‚verbiegen‘, damit das Kind sprechen lernt." (Zeile 122/123) ist gemeint, dass Eltern ...

a) ☐ die Sprachförderung eher den Großeltern überlassen sollten.

b) ☐ ihr gewohntes Sprechverhalten nicht ändern müssen.

c) ☐ ihre Sprechweise nur dem Kind anpassen müssen.

d) ☐ die kindgerichtete Sprache verändern müssen.

12. Nach dem Lesen des Textes sagt eine Schülerin:

„Es spielt doch keine Rolle, wie man mit einem Baby spricht. Hauptsache, man spricht mit ihm."

Schreibe eine kurze Stellungnahme zu dieser Aussage. Du kannst der Auffassung zustimmen oder nicht. Wichtig ist, dass du deine Meinung begründest. Beziehe dich dabei auf den Text.

_____

_____

_____

_____

_____

_____

_____

Zweiter Prüfungsteil

Der zweite Prüfungsteil enthält **zwei Wahlthemen**, von denen **eines** von dir ausgewählt und bearbeitet werden muss.

Wahlthema 1

Lies bitte zunächst den Text, bevor du die Aufgaben bearbeitest.
Schreibe einen zusammenhängenden Text.

Aufgabe

Analysiere den Textauszug aus dem Roman „Glücksschimmer" von Angela Gerrits.

Gehe dabei so vor:

▶ Schreibe eine Einleitung, in der du Textsorte, Titel, Autorin und Erscheinungsjahr benennst sowie das Thema formulierst.

▶ Fasse den Text kurz zusammen.

▶ Stelle dar, wie Ruth sich zu Beginn des Treffens fühlt und wie sie Moritz im Café wahrnimmt.

▶ Erläutere, wie durch sprachliche Mittel deutlich wird, dass Ruth in Moritz verliebt ist (Z. 1–44) *(mögliche Aspekte: stilistische Mittel, Satzbau, Wortwahl)*.

▶ Untersuche, wie sich das Gespräch zwischen Ruth und Moritz entwickelt.

▶ Schreibe einen kurzen Text aus Moritz' Sicht:
  – Wie fühlt sich Moritz nach dem Ende des Treffens?
  – Welche Gedanken macht er sich über Ruths Verhalten?

Schreibe in der Ich-Form und berücksichtige die Informationen, die der Textauszug gibt.

Angela Gerrits: Glücksschimmer (Textauszug)

Die 16-jährige Ruth ist von Hamburg in eine bayrische Kleinstadt gezogen. In ihrem Leben reiht sich eine Katastrophe an die andere. Ihr einziger Lichtblick ist die bevorstehende Klassenfahrt an die Nordsee, weil auch Moritz mitfährt.

1 Er war da. Er war gekommen. Ruth versuchte, sich ihre Freude nicht anmerken zu lassen. Mit Sicherheit war sie rot geworden. Und er? Ruth forschte in seinem
5 Gesicht nach etwas, das Freude oder Erleichterung verriet.

„Hi", sagte Moritz. Er nippte an seinem Espresso. Er sah sehr erwachsen aus, dabei war er höchstens ein Jahr älter als sie. Er
10 hatte es ganz ruhig gesagt, mit seinem verbindlichen Lächeln.

Mit diesem Lächeln hatte er auch „Ja, gern" geantwortet auf ihre Frage, ob sie nicht mal zusammen ein Eis essen gehen
15 wollten oder so. Und da saß er. Er hielt, was er versprach. Er hatte ihre Frage ganz selbstverständlich genommen, so als wäre es vollkommen normal, dass sie, Ruth, ihm ein Treffen vorschlug. Sie hatte zwar
20 nicht erkennen können, ob er sich über ihren Vorschlag gefreut hatte, aber vielleicht hatte er seine Freude auch nur vor ihr verborgen, so wie sie jetzt vor ihm zu verbergen versuchte, dass ihr Herz bis in
25 den Hals hinauf klopfte.

Sie setzte sich ihm gegenüber an den kleinen runden Tisch. Seine graugrünen Augen betrachteten sie aufmerksam, das war ihr unangenehm. Sie strich sich durchs
30 Haar und zupfte verstohlen den Ärmel ihres T-Shirts zurecht.

Er lächelte sie an. Sie lächelte unwillkürlich zurück. Nein, wahrscheinlich strahlte sie ihn an, doch das war ihr egal. Er war da.
35 Würde er mich nicht auch ein bisschen mögen, wäre er nicht gekommen, sagte sie sich.

Moritz war anders als die anderen Jungen, das hatte sie sofort bemerkt, als sie das ers-
40 te Mal in die Klasse gekommen war. Er war ein bisschen schüchtern, aber auch ruhiger, besonnener, erwachsener eben. Er war Moritz. Und der saß ihr jetzt gegenüber. Alles andere war unwichtig.
45 „Wo warst du heute Morgen? Warst du krank? Ich wollte dich schon anrufen, weil ich dachte, du kommst vielleicht nicht."

Da war Besorgnis in seiner Stimme. Er
50 hatte sich über sie Gedanken gemacht. Sie konnte unmöglich sagen: Ach, ich hatte keine Lust auf Schule. Er würde sie für leichtfertig halten und sich nie wieder Gedanken über sie machen. Und sie konnte
55 erst recht nicht die Wahrheit sagen: dass sie einfach zu feige gewesen war, um in die Schule zu gehen, dass sie stattdessen den Weg des geringsten Widerstands gewählt hatte und bis zum frühen Nach-
60 mittag im Stadtpark herumgelaufen war.

„Sagen wir eher, mir ging's nicht so gut." Ruth unterlegte den Satz mit einem schamhaften, wissenden Augenaufschlag, der ihn zu ihrem Verbündeten machte.
65 Moritz nickte, hob die kleine Tasse und trank den Espresso mit einem Schluck aus.

Sofort befürchtete Ruth, dass er gehen könnte, denn so, wie er die Tasse zurück-
70 stellte und sich aufsetzte, so entschlossen mit diesem kleinen Seufzer, machte er auf sie den Eindruck, als würde er zahlen wollen.

„Freust du dich auf morgen?", fragte sie
75 deshalb schnell.

Moritz zuckte die Schultern. „Ehrlich gesagt kann ich Klassenreisen nicht ausstehen. Und wenn schon, dann wäre ich lieber nach Italien gefahren. Ist doch viel näher."
80 Er berlinerte[1] leicht. Ruth mochte das. Sie hörte gern, dass auch er ein Zugezogener war, das hatte ihn von Anfang an zu einem Verbündeten gemacht.

„Ja, stimmt", erwiderte sie, obwohl sie
85 nicht lieber nach Italien gefahren wäre.

„Willst du dir gar nichts bestellen?" Moritz hatte sich auf seinem Stuhl zurückgelehnt und betrachtete sie wie von ferne. „Und du?"
90 Moritz deutete auf seine Espressotasse. „Ich hatte schon. Und nach Eis ist mir irgendwie nicht."

Es klopfte schneller in Ruths Hals, aber nicht vor Freude oder Aufregung. Wieso
95 hatte er „Ja, gern" gesagt, wenn er kein Eis

1 berlinern: mit Berliner Dialekt sprechen

essen wollte? Wieso hatte er sich überhaupt schon etwas bestellt, bevor sie ins Eiscafé gekommen war?

Oder hatte sie sich verspätet? War viel-
100 leicht ausgerechnet heute die Umstellung auf Sommerzeit oder Winterzeit, und Moritz war nur zu höflich, um etwas zu sagen, und hatte schon eine Stunde auf sie gewartet? Sie guckte auf ihre Uhr.

105 „Hast du schon lange auf mich gewartet?“ Die Beiläufigkeit, mit der sie ihn das fragen wollte, misslang, ihre Stimme klang plötzlich spitz. Moritz schüttelte den Kopf. „Musst du schon wieder los?“
110 Ruth zögerte, bevor sie die Gelegenheit ergriff. „Ja, tut mir leid, ist mir auch sehr unangenehm, weil ich dich ja gefragt hatte, aber …“

Sie ließ den Satz in der Luft hängen, weil
115 ihr so schnell kein Grund einfiel, warum sie schon wieder losmusste. Und zugleich hasste sie sich für das, was sie da sagte. Sie

musste nicht los. Sie wollte mit Moritz zusammen sein. Hier und jetzt und im-
120 mer. Es hatte sie all ihren Mut gekostet, sich mit ihm zu verabreden, und nun verspielte sie alles mit einem dummen halben Satz. Doch die Vorstellung, ihm gegenüberzusitzen und ein Eis zu essen,
125 während er vermutlich aus reiner Höflichkeit wartete, bis sie fertig war, war unerträglich. Dann lieber gleich wieder gehen.

Moritz zahlte seinen Espresso und stand
130 auf. Er legte einfach nur Geld auf den Tisch, ohne die Bedienung zu rufen. Ruth bewunderte, wie souverän[2] er sich in der Welt bewegte – als hätte er schon zwanzig Jahre Zeit zum Üben gehabt.
135 Widerstrebend stand sie ebenfalls auf. Sie wollte nicht gehen. Aber er hatte ja gleich das Geld hingelegt, hatte nicht mal ihre Begründung abgewartet, nicht nachgefragt, nichts.

2 *souverän: selbstbewusst*

Quelle: Angela Gerrits; Glücksschimmer, Hamburg; Oetinger Taschenbuch 2011, S. 7–11 (Text geringfügig gekürzt)

Wahlthema 2

Lies bitte zunächst die Aufgabe und dann die Materialien aufmerksam durch, bevor du mit dem Schreiben beginnst.
Schreibe einen zusammenhängenden Text.

Aufgabe

Untersuche die Materialien M 1, M 2 und M 3.

Gehe dabei so vor:

▶ Benenne das gemeinsame Thema von M 1, M 2 und M 3.

▶ Fasse die Informationen aus M 1a und M 1b zusammen.

▶ Stelle die Aussagen aus M 2 und M 3 mit eigenen Worten dar. Vergleiche die beiden Positionen im Hinblick auf die Frage, welche Möglichkeiten und Grenzen das Schreiben mit der Hand und das Schreiben mit der Tastatur jeweils haben. Belege deine Ausführungen am Text.

▶ Setze dich kritisch mit der folgenden Aussage einer Schülerin auseinander:

„Tastatur oder Stift – in der Schule sollte man sich aussuchen können, womit man schreibt."
  – Nimm Stellung zu der Aussage.
  – Begründe deine Meinung.
  – Beziehe dich dabei auch auf die Materialien M 1 bis M 3.

M 1a: Lara Malberger: Wir verlernen das Schreiben mit der Hand

1 Die Handschrift ist eine der größten kulturellen Errungenschaften der Menschheit: Dank ihr konnten Menschen ihr Wissen bewahren. Schrift ermöglichte es, komplexe Gedanken und Ideen unabhängig von Zeit und Raum an andere Menschen weiterzugeben. Aber während derartige Gedanken früher auf Steintafeln und später auf Papier notiert wurden,
5 löst sich die Schrift heute immer mehr von ihrer physischen[1] Grundlage. Heute schreiben und speichern wir vieles nur noch auf unseren Smartphones und Computern und laden es in die Cloud hoch. Immer seltener greifen wir zum Stift, immer häufiger tippen wir auf Displays und Tastaturen herum. Oft findet sich die Handschrift nur noch in Notizen oder auf Grußkarten.

1 *physisch: gegenständlich, materiell*

Quelle: Lara Malberger: Wir verlernen das Schreiben mit der Hand, https://www.zeit.de/wissen/2018-04/schreiben-handschrift-digitalisierung-hirnforschung-neurologie/ komplettansicht, 14. 04. 2018

M 1b: Fit am Tablet, mies mit dem Füller [unbekannter Verfasser]

1 Wer schreibt heute noch mit einem Stift? Über 40 Prozent von 1.400 Bundesbürgern sind der Meinung, dass das flüssige Tippen auf einer Tastatur wichtiger ist, als in der Lage zu sein, flüssig mit Hand zu schreiben. Das ist das Ergebnis einer Umfrage, die der Frage nachging, ob Kinder die Schreibschrift heute noch lernen müssen.
5 Finnland will es vormachen. Bald dürfen die Lehrer dort der Schreibschrift ade sagen, das Tippen wird dann vermehrt als neue wichtige Kommunikationsform unterrichtet werden. Seit Jahren existieren zudem europaweit Schulprojekte, die neue Medien in den Schulunterricht einbinden. Whiteboards, Beamer, Laptop- und iPad-Klassen verdrängen zunehmend die Kreidetafel.

Quelle: Fit am Tablet, mies mit dem Füller, https://www.focus.de/familie/schule/jetzt-mach-mal-nen-punkt-verlernen-schueler-das-schreiben_id_4629850.html, 22. 04. 2015

M 2: Matthias Kohlmaier: Tastatur schlägt Stift – oder umgekehrt?

1 Finnland, europaweites Vorbild, was das Schul- und Bildungswesen angeht, streicht das Lehren der Handschrift teilweise aus dem Lehrplan. Schreibschrift wird dann gar nicht mehr unterrichtet, nur eine einfache Druckschrift soll noch vermittelt werden. Die frei werdende Unterrichtszeit sollen Schüler nutzen, um ihre Fähigkeiten an der Computer-
5 tastatur zu verbessern.

Mit der Hand zu schreiben, „und vor allem die Buchstaben miteinander zu verbinden, ist für viele Schüler schwer", erklärt Minna Harmanen vom finnischen Bildungsministerium den Schritt. Dass dieser einen kulturellen Bruch darstellt, das sei ihr natürlich bewusst, daher solle es den Schulen auch in Zukunft erlaubt bleiben, Schreibschrift zu lehren, wenn
10 sie das unbedingt wollten. Das Tippen auf der Tastatur sei jedoch mit dem Alltag der Schüler viel einfacher in Verbindung zu bringen als das Handschreiben, sagt Harmanen weiter. Schnelles und fehlerfreies Schreiben auf der Tastatur sei zudem „eine wichtige Kompetenz".

Bei Letzterem wird Harmanen niemand widersprechen können. Auch ist zu erwarten,
15 dass künftige Generationen immer weniger handschriftliche Notizen werden machen müssen – weil es schlichtweg bei all den digitalen Möglichkeiten kaum noch eine Notwendigkeit dafür geben wird. „Es wäre dumm, wenn wir neue technische Hilfsmittel – Gehirnprothesen nenne ich sie – nicht nutzen würden, um uns mehr auf den Inhalt statt auf die Form zu konzentrieren", sagt auch Caroline Liberg, Professorin an der schwedi-
20 schen Universität Uppsala, gegenüber der Neuen Osnabrücker Zeitung.

Quelle: Süddeutsche Zeitung, 12.01.2015 (Text gekürzt und geringfügig verändert)

M 3: Christoph Arens: Schreiben mit der Hand ist für das Gehirn wichtig

1 Im Alltag ist die Handschrift immer noch wichtig: Notizen, Einkaufszettel, To-Do-Listen, Familienkalender in der Küche, die Unterschrift im Arbeitsvertrag, die Weihnachtskarte, der Liebesbrief, das Kondolenzschreiben[1] – all das wird mit Hand geschrieben, weil es schneller geht oder einfach persönlicher wirkt.
5 Aber reicht das, um diese alte Kulturtechnik zu erhalten? In den USA ist die geschwungene Handschrift schon weithin aus den Schulen verschwunden. Als 2016 die Meldung durch die Medien geisterte, dass Finnlands Schulen das Schreiben von Hand abschaffen wollten, schien das Totenglöcklein endgültig zu läuten.

Das beunruhigt Bildungsforscher. Marianela Diaz Meyer, Geschäftsführerin eines 2012
10 gegründeten Instituts für Schreibmotorik[2] ist sich sicher: Es geht beim Handschreiben nicht nur um eine schöne, aber verzichtbare Kulturtechnik – sondern um Bildungschancen. Sie verweist auf Erkenntnisse der Hirnforschung, wonach das Schreiben mit der Hand die Entwicklung des Gehirns fördert. Auch die Bielefelder Graphologin[3] Rosemarie Gosemärker bestätigt: „Die Erinnerungsleistung derer, die mit der Hand schreiben, ist
15 erheblich besser. Das liegt daran, dass das Schreiben das Gehirn ganzheitlich aktiviert." Die Handschrift als Denkwerkzeug. Als Beispiel nennt Diaz Meyer den klassischen Spickzettel: Wer ihn von Hand geschrieben hat, muss ihn oft nicht einmal mehr benutzen, weil er sich den Inhalt bereits eingeprägt hat. Tippen gehe zwar schneller, hinterlasse aber im Gehirn weniger Spuren.

Quelle: © WELT, 23.01.2018 (Text gekürzt und geringfügig verändert)

1 *Kondolenzschreiben: Schreiben, mit dem jemand den Angehörigen eines Verstorbenen sein Beileid bekundet*

2 *Schreibmotorik: Bewegungsabläufe beim Schreiben*

3 *Graphologin: Wissenschaftlerin, die auf der Grundlage der Handschrift ein Persönlichkeitsprofil erstellt*

Erster Prüfungsteil: Leseverstehen

Uwe Pollmeier: Friedhof der Mobiltelefone

Schlummernde[1] Schätze: In Deutschland liegen Millionen von Handys ungenutzt in Schubladen und Schränken. Die Wiederverwertung wertvoller Rohstoffe könnte die Umwelt schonen. Erste Anlaufstelle wären Handy-Shops oder ein Entsorgungspunkt.[2]

1 **(1)** Vor 26 Jahren gab es in Deutschland gerade einmal 950.000 Mobilfunkverträge. Somit hatte nicht einmal jeder 80. Bundesbürger ein Handy, was aus
5 heutiger Sicht verschwindend wenig ist. Die aktuellen Zahlen zeigen, dass derzeit jeder Deutsche im Durchschnitt 1,5 Mobilfunkanschlüsse hat. Hinzu kommen rund 130 Millionen Handys, die dafür ge-
10 nutzt werden. Ebenso viele Mobiltelefone schlummern jedoch auf Dachböden, in Kellern oder in der hintersten Ecke der Schreibtischschublade.

(2) Laut einer Umfrage liegen derzeit
15 rund 124 Millionen Handys ungenutzt herum. Die Zahl ist rasant angestiegen; allein in den drei vergangenen Jahren ist der Müllberg von Althandys um ein Viertel angestiegen. „Das ist wirklich ein ge-
20 sellschaftliches Problem", sagt Andreas Dierkes, Pressesprecher der Gesellschaft zur Entsorgung von Abfällen im Kreis Gütersloh, die auch einen Entsorgungspunkt betreibt. Er spricht sich dafür aus,
25 die nicht mehr benötigten Handys beim Entsorgungspunkt abzugeben, schließlich enthalten sie wichtige Rohstoffe, die wunderbar recycelt werden können. „Wir sind ja ein Land, in dem es sehr wenige
30 Rohstoffe gibt, daher müssen wir diese Vorräte nutzen", sagt Dierkes. Denn in den alten Telefonen stecken noch viele Edelmetalle wie Gold und Silber sowie andere Wertstoffe, die beim Recycling
35 wiedergewonnen werden können. Ein Mobiltelefon besteht etwa zu einem Viertel aus wertvollen Metallen.

(3) Wie viele Handys im Jahr am Entsorgungspunkt der Gesellschaft zur Entsor-
40 gung abgegeben werden, kann Dierkes nicht sagen. „Wir sammeln die Geräte nicht getrennt ein. Sie gehören zu den Kleingeräten und landen somit gemeinsam mit Mixer oder Haartrockner auf ei-
45 nem Haufen", sagt Dierkes. Von dort gehen die Handys an Spezialfirmen, die den Rückbau der Geräte vornehmen und fein säuberlich Schrott von wertvollem Restmaterial trennen. „In sehr komplizierten
50 Einzelarbeiten werden die Metalle herausgefiltert", sagt Dierkes. Ein Aufwand, der sich offensichtlich lohnt, denn laut Dierkes gibt es unter den Firmen, die das gebrauchte Handy genau untersuchen,
55 einen großen Wettbewerb.

(4) „Bei uns geht alles zertifizierte[3] Wege", sagt Dierkes. Er wisse aber auch, dass viele Geräte in Afrika landen, wo sie „unter erbärmlichen Bedingungen für die Ar-
60 beiter und unter keineswegs umweltfreundlichen Bedingungen" auseinandergenommen werden. Schließlich sind einige Bestandteile in den Geräten giftig – wie etwa Kabel, Platinen[4] oder Batterien. Die-
65 se müssen sauber entsorgt werden und dürfen nicht verbrannt werden.

(5) Der Zeitraum, in dem die Elektrogeräte genutzt werden, so Dierkes, werde immer kurzlebiger. „Sechs von zehn
70 Smartphone-Nutzern haben ihr Gerät im vergangenen Jahr gekauft", erklärt der Umweltexperte Kai Kallweit. Aktuell hätten 80 Prozent der Bundesbürger ab 14 Jahren mindestens ein unbenutztes
75 Handy zu Hause. Mehr als die Hälfte aller Befragten gaben sogar an, zwei oder mehr in Dornröschenschlaf[5] gefallene Mobiltelefone zu sammeln. „Einige bauen anscheinend ein sehr emotionales Verhält-
80 nis zu ihrem Mobiltelefon auf und wollen es dann nicht mehr abgeben", sagt Dierkes.

1 *schlummernd: hier: versteckt und unsichtbar*
2 *Entsorgungspunkt: Abgabestelle für Wertstoffe*

3 *zertifiziert: hier: geprüft anhand bestimmter Vorgaben*

4 *Platine: dünne Platte für elektronische Bauteile, häufig mit Silber oder Kupfer beschichtet, die man z. B. in Handys findet*

5 *Dornröschenschlaf: hier: Anspielung auf ein Märchen, in dem eine Prinzessin namens Dornröschen in einen hundertjährigen Schlaf fällt*

(6) Wer sein altes Handy nicht extra an den Rand der Stadt zum Entsorgungs-
85 punkt bringen möchte, kann es auch bei einem größeren Fachgeschäft abgeben bzw. in eine Wertstoffbox werfen. Auf gar keinen Fall gehören die alten Telefone in den Hausmüll, wo allerdings auch jetzt
90 noch zwei Prozent der Geräte landen. Ab und zu gibt es auch Sammelaktionen wohltätiger Einrichtungen oder in Schulklassen. In der Regel nehmen auch Handy-Shops die alten Kommunikationsge-
95 räte wieder zurück.

(7) „Bei uns können alte Mobiltelefone abgegeben werden. Wir schicken sie dann an einen Mobilfunkanbieter, und von dort aus werden sie entsorgt bzw. wiederver-
100 wendet", sagt Pascal Niebrügge, Mitarbeiter eines Handy-Shops. Er schätzt, dass im Schnitt pro Woche weniger als zwei Kunden vorbeikommen, um ihr altes Gerät abzugeben. „Einige lassen es da, wenn
105 sie ein neues Handy kaufen. Andere kommen einfach so", sagt Niebrügge. Wichtig ist es in jedem Fall, vorab die persönlichen Daten zu löschen, etwa indem man das Gerät auf die Werkseinstellungen zurück-
110 setzt.

(8) In den USA gibt es einen ganz neuen Weg, um möglichst viele alte Handys wieder einsammeln zu können. An zahlreichen Standorten steht der Automat
115 ecoATM. Er sieht aus wie ein Geldautomat, und wenn man das alte Handy in den Eingebeschacht legt, wird ein Restwert ermittelt und ausgezahlt.

*Quelle: Uwe Pollmeier: Friedhof der Mobiltelefone, Haller Krisblatt vom 14.03.2018, https://www.haller-kreisblatt.de/lokal/
halle/22085066_Schlummernde-Schaetze-Wohin-mit-den-alten-Handys.html (Text gekürzt und geringfügig verändert)*

Aufgaben

1. Kreuze die richtige Antwort an.

   Der Autor stellt fest, dass (Abschnitt 1) …

   a) ☐ heute alle Deutschen genau einen Mobilfunkanschluss haben.

   b) ☒ sich früher nur wenige Bundesbürger ein Handy leisten konnten.

   c) ☐ heute deutschlandweit etwa 130 Millionen Handys in Gebrauch sind.

   d) ☐ es früher deutschlandweit mehr Mobilfunkverträge als Handybesitzer gab.

2. Kreuze die richtige Antwort an.

   Andreas Dierkes möchte erreichen (Abschnitt 2), dass …

   a) ☐ alte Handys viel länger genutzt werden.

   b) ☒ Entsorgungspunkte mehr genutzt werden.

   c) ☐ Deutschland ein rohstoffreiches Land wird.

   d) ☐ eine Handy-Recyclingpflicht eingeführt wird.

3. Erläutere im Textzusammenhang (Abschnitt 2), warum nach Ansicht von Andreas Dierkes das Recycling von alten Handys in Deutschland wichtig ist.

   Andreas Dierkes sagt „Wir sind ja ein Land in dem es sehr wenige Rohstoffe gibt" (Z. 28-30) In dieser hinsicht könnte sehr helfen. Anstat immer heues material zu kaufen sollte man lieber das nutzen was schon hier ist und nicht genutzt wird.

4. Bringe die folgenden Recyclingschritte, wie von Dierkes erläutert (Abschnitt 3), in die richtige Reihenfolge.

Schritte	Reihenfolge: 1, 2, 3, 4
a) Aussortieren aus anderen Kleingeräten	2
b) Trennung von Schrott und wertvollen Metallen	4
c) Weitergabe an Spezialfirmen	3
d) Abgabe an einer Entsorgungsstation	1

5. Kreuze die richtige Antwort an.

Alte Handys, die nach Afrika gelangen, werden laut Dierkes dort (Abschnitt 4), ...

a) ☒ ohne Rücksicht auf die Umwelt in Einzelteile zerlegt.

b) ☐ ohne Rücksicht auf die Brandschutzregeln entsorgt.

c) ☐ auf zertifiziertem Wege umweltgerecht entsorgt.

d) ☐ auf bestimmte giftige Bestandteile hin geprüft.

6. Kreuze die richtige Antwort an.

Der Umweltexperte Kai Kallweit erklärt (Abschnitt 5), dass ...

a) ☒ Smartphone-Besitzer meist älter als 14 Jahre alt sind.

b) ☐ aktuelle Smartphones eine längere Lebenszeit haben.

c) ☐ Smartphones aus emotionalen Gründen gekauft werden.

d) ☐ Smartphone-Nutzer immer schneller neue Handys kaufen.

7. Benenne mindestens zwei Möglichkeiten, die der Autor neben der Abgabe des Handys beim Entsorgungspunkt empfiehlt (Abschnitt 6).

Man kann das Handy auch in einem größeren Fachgeschäft abgeben bzw in eine Wertstoffbox werfen, oder in einem Handy-Shop

8. Kreuze die richtige Antwort an.

Wenn ein altes Handy in einem Handy-Shop abgegeben wird (Abschnitt 7), ...

a) ☐ wird es dort auf die Werkseinstellungen zurückgesetzt.

b) ☐ sollte dort dafür ein neues Smartphone gekauft werden.

c) ☒ wird dieses an einen Mobilfunkanbieter weitergeleitet.

d) ☐ sind im Durchschnitt zwei Kunden daran interessiert.

9.   Kreuze die richtige Antwort an.

An neuen Automaten in den USA können Besitzer alter Handys diese (Abschnitt 8) …

a) ☒ verkaufen oder spenden.

b) ☐ versteigern oder tauschen.

c) ☐ updaten lassen und verkaufen.

d) ☐ bewerten lassen und verkaufen.

10. Erkläre den Zusammenhang zwischen der Grafik und dem Text.

Quelle: eigene Darstellung

Der Zusammen hang mit dem text ist das mansche leute anstat ihr hand zu Recyclen es einfach in eine schup- lade macen

11. Nach dem Lesen des Textes sagt ein Schüler:

„Wenn in Deutschland mehr alte Handys umweltgerecht entsorgt werden sollen, brauchen wir unbedingt Recyclingautomaten."

Schreibe eine kurze Stellungnahme zu dieser Aussage. Du kannst der Auffassung zustimmen oder nicht. Wichtig ist, dass du deine Meinung begründest. Beziehe dich dabei auf den Text.

Ich denke ein automat würde es auf jeden fall leichter machen und wenn jemand so ein Automat auf der Straße sieht denkt der ein oder andere vielleicht and die handys in seiner schuplade.

Zweiter Prüfungsteil: Schreiben

Der zweite Prüfungsteil enthält **zwei Wahlthemen**, aus denen **eines** von dir ausgewählt und bearbeitet werden muss!

Wahlthema 1

▶ Lies bitte zunächst den Text, bevor du die Aufgabe bearbeitest.

▶ Schreibe einen zusammenhängenden Text.

Aufgabe

Analysiere den Textauszug aus dem Roman „Den Mund voll ungesagter Dinge" von Anne Freytag.

Gehe dabei so vor:

▶ Schreibe eine Einleitung, in der du Textsorte, Titel, Autorin und Erscheinungsjahr benennst sowie das Thema formulierst.

▶ Fasse den Text kurz zusammen.

▶ Stelle dar, wie sich Sophie bei der Abfahrt ihrem Vater gegenüber verhält.

▶ Untersuche, wie durch sprachliche Mittel deutlich wird, wie unglücklich Sophie über den Abschied von ihrem Zuhause ist (Z. 22–59) *(mögliche Aspekte: Wortwahl, Satzbau, stilistische Mittel)*.

▶ Erläutere, wie der Vater an der Tankstelle versucht, die Situation zu entspannen, und wie Sophie darauf reagiert.

▶ Setze dich im Schlussteil kritisch mit der folgenden Aussage einer Schülerin auseinander:

„Sophie sollte ihrem Vater gegenüber ehrlich sein."
– Nimm Stellung zu der Aussage.
– Begründe deine Meinung.
– Belege deine Ausführungen am Text.

Anne Freytag: Den Mund voll ungesagter Dinge (Textauszug)

Sophie ist alleine bei ihrem Vater aufgewachsen. Als sie siebzehn Jahre alt ist, geht dieser eine neue Partnerschaft ein. Der Vater beschließt, mit ihr von Hamburg nach München zu ziehen, wo seine neue Partnerin Lena lebt.

1 Die Osterferien sind vorbei. Und mit ihnen unser Leben in Hamburg. Ich sitze auf dem Beifahrersitz und versuche, nicht daran zu denken, dass das hier das Ende ist.
5 Zumindest *ein* Ende. Eben war dieses alte Backsteinhaus noch mein Zuhause. Jetzt ist es das nicht mehr. Meine Augen brennen, aber ich werde nicht weinen. Nicht wegen so etwas.
10 Mein Vater öffnet die Fahrertür und lässt sich neben mir auf den Sitz fallen, dann atmet er tief ein, so als wären wir im Schwimmbad und er würde jeden Augenblick untertauchen. „Also gut, Motte",
15 sagt er und stößt langsam die Luft aus, „dann wollen wir mal."
Ich will nicht. Ich will meine drei Kisten wieder auspacken und hierbleiben. Aber es geht nicht um das, was ich will. Wenn
20 man siebzehn ist, tut es das eigentlich nie. „Hast du alles?"
Ich antworte mit einem langsamen Nicken, weil er sonst in meiner Stimme hören würde, was ich ihm zuliebe für
25 mich behalte. Ich weiß, dass er einen Neuanfang braucht. Für meinen Vater war dieser Schritt lange überfällig. Wütend macht es mich trotzdem.
Papa startet den Motor. Er wirft noch ei-
30 nen letzten, flüchtigen Blick auf das Haus, in dem ich Laufen gelernt habe, dann legt er den Rückwärtsgang ein und manövriert den vollbepackten Kombi aus der Einfahrt. Wir fahren die schmale Allee hi-
35 nunter. Ihre nackten Linden[1] stehen Spalier[2] wie hölzerne Skelette, die sich regungslos von uns verabschieden. Sie werden uns nicht vermissen. Aber ich werde sie vermissen. Ihren Duft und das Ra-
40 scheln ihrer Blätter im Wind. Wenn man von den Wintermonaten absieht, bin ich die vergangenen sechzehn Jahre zu diesem Geräusch eingeschlafen.
„Sophie, ist alles okay?"
45 Ich schaue zu ihm rüber. „Klar", sage ich, „alles gut." Meine Stimme verrät, dass nichts gut ist. Papa weicht meinem Blick aus und schweigt. Es ist ein lautes Schweigen. Wir holpern über das Kopfsteinpflas-
50 ter. Das Leben, wie ich es kannte, ist vorbei. Es endet genau jetzt. In diesem Moment. Und jeder Meter, der uns von unserem alten Haus trennt, vertieft den sauberen Schnitt, den mein Vater für uns ent-
55 schieden hat. Es ist ein Schnitt, der meine Kindheit und Jugend aus meinem Gesamtbild herausschneidet. Ich will schreien, aber ich verziehe keine Miene. Ich schaue nur reglos aus dem Fenster.
60 Etwas über eine Stunde später halten wir an einer Tankstelle, kaufen ein paar Getränke und belegte Brote, die so aussehen, als wären sie aus dem letzten Jahrhundert. „Geh du ruhig schon mal ins Auto, ich be-
65 zahle derweil[3]", sagt Papa und hält mir den Schlüssel entgegen.
Als etwas später plötzlich die Fahrertür neben mir aufgeht, zucke ich kurz zusammen und folge dem Geräusch. Mein Vater
70 steigt ein und streckt mir zwei Packungen Kekse entgegen. „Hier, für dich, Motte." Ich muss lächeln. „Danke."
„Das war noch nicht alles." Auf seiner großen Handfläche liegen drei Butter-
75 stückchen in goldglänzendem Papier. „Was wäre so eine lange Reise ohne dein Lieblingsessen?" Ich presse kurz die Lippen aufeinander, dann greife ich danach. „So, jetzt müssen wir aber." Er zwinkert
80 mir zu. „Ich habe Lena eben angerufen. Sie freut sich schon sehr auf uns."
„O ja, ich wette, sie freut sich besonders auf mich."
„Und München ist eine wirklich schöne
85 Stadt. Ganz ähnlich wie Hamburg, nur etwas kleiner."
„Ja, und in Bayern."
„Motte, das wird toll, du wirst schon sehen", übergeht er meinen Kommentar.
90 „Ich kann immer noch nicht glauben, wie super alles hingehauen hat."
„Was alles?", frage ich nüchtern.
„Na ja, ich meine, mein neuer Job beginnt erst in zwei Wochen, der Resturlaub hat

3 *derweil: in der Zwischenzeit*

1 *Linde (Plural: Linden): eine Baumart*

2 *Spalier stehen: hier: dicht an dicht in einer Reihe stehen*

95 genau gereicht, um alles zu organisieren und den Umzug über die Bühne zu bringen, und die Schulferien liegen dieses Jahr einfach perfekt!" Er schaut kurz zu mir rüber. „Jetzt hast du immer noch deine ge-
100 samten Osterferien vor dir. Wir haben zwei Wochen Zeit, uns alles in Ruhe anzuschauen und uns einzugewöhnen. Wir könnten ins Gebirge fahren oder nach Italien. Da wolltest du doch immer hin."
105 Sein Blick fleht mich an, Ja zu sagen. *Ja,*

das ist toll. Ja, das freut mich. Ja, da wollte ich immer hin. Hauptsache Ja.
Eigentlich will ich antworten, dass mich weder Italien noch die Berge noch seine
110 blöde Freundin auch nur im Geringsten interessieren, aber ich bringe es nicht über mich, ihm so wehzutun. Also atme ich tief ein und entscheide mich für Variante drei und sage: „Ja, du hast recht, das wollte
115 ich." Das ist nicht mal gelogen.

Quelle: Anne Freytag: Den Mund voll ungesagter Dinge. München: Random Hause 2017, S. 13 –17 (Text gekürzt und geringfügig verändert)

Wahlthema 2

Lies bitte zunächst die Aufgabe und dann die Materialien aufmerksam, bevor du mit dem Schreiben beginnst.

An deiner Schule findet ein Projekttag zum Thema „Mediennutzung von Jugendlichen" statt. Dafür soll eine Materialsammlung angelegt werden, die allen Schülerinnen und Schülern sowie Lehrkräften zur Verfügung steht.

Du hast dich bereit erklärt, für diese Sammlung einen informierenden Text über den Nutzen von Computerspielen zu verfassen. Zu diesem Zweck werden dir Materialien (M 1–M 6) zur Verfügung gestellt.

Aufgabe

Verfasse auf der Grundlage der Materialien M 1–M 6 einen informierenden Text zum Thema „Nutzen von Computerspielen". Schreibe nicht einfach aus den Materialien ab, sondern achte auf eine eigenständige Darstellung in einem zusammenhängenden Text.

Gehe dabei so vor:

▶ Formuliere für deinen Text eine passende, zum Lesen anregende Überschrift.

▶ Erkläre einleitend, was ein Computerspiel ist, welche Arten von Spielen es gibt und welche davon überwiegend genutzt werden.

▶ Stelle dar, wie Computerspiele den Erwerb von allgemein nützlichen Basisfähigkeiten unterstützen können.

▶ Erläutere, welchen positiven Einfluss Computerspiele auf das schulische Lernen haben können.

▶ Beurteile anhand der Materialien und eigener Überlegungen, unter welchen Bedingungen der Einsatz von Computerspielen im Unterricht sinnvoll sein kann.

M 1a: Computerspiel [unbekannter Verfasser]

1 Interaktion: hier: eine bestimmte Art von Kommunikation zwischen Spielern und einem Computerprogramm, die ein wechselseitiges Reagieren ermöglicht

2 Klassifizierung: hier: Unterteilung (von Computerspielen) in Untergruppen zur Herstellung einer Ordnung

3 Spielgenres: Arten von Computerspielen

1 Ein Computerspiel ist ein Softwareprogramm, das auf einem Personal Computer (PC) oder einer Spielekonsole läuft und über Interaktionen[1] gesteuert wird. Ein Computerspiel kann gleichzeitig von einem, von mehreren oder auch von vielen Spielern gespielt werden. Die Spieler verfolgen die Aktionen der Spielsoftware, die Reaktionen der Mitspieler
5 und ihre eigenen Interaktionen auf dem Bildschirm. Die Spiele erfolgen nach bestimmten Regeln, nach denen gespielt und interagiert wird.
Für Computerspiele gibt es unterschiedliche Klassifizierungen[2] in Actionspiele, Strategiespiele, Abenteuerspiele, Sportspiele, Rollenspiele und Lernspiele. Manche Zeitschriften für Computerspiele kennen über 40 Spielklassifizierungen. Was die verschiedenen Spiel-
10 genres[3] betrifft, so geht es bei Actionspielen um eine Art Hindernislauf über verschiedene Hindernisse, bei denen der Spieler gewissen Gefahren ausgesetzt ist. Bei Strategiespielen wird das strategische und taktische Geschick des Spielers gefördert. Es geht dabei wie bei Schach oder Monopoly um strategische Vorteile gegenüber dem Gegner oder den Gegnern. Sportspiele sollen die Bewegungsmöglichkeiten von Jugendlichen oder älteren
15 Menschen fördern. Ausgestattet mit entsprechenden Geräten können so viele Sportarten wie Tennis, Golf, Bowling, Fußball und viele andere nachgeahmt werden.

Quelle: Computerspiel; ITWissen.info, https://www.itwissen.info/Computerspiel-computer-game.html, 10. 03. 2019 (Zugriff: 25. 02. 2021) (Text gekürzt und geringfügig verändert)

Hinweis zur Quelle: Der Text wurde ohne namentliche Nennung eines Verfassers veröffentlicht.

M 1b: Besser als ihr Ruf? Computerspiel-Genres im Überblick
[unbekannter Verfasser]

1 Die „Deutsche Apotheker Zeitung" zitiert eine US-amerikanische Studie, die Actionspielen ein unerwartet positives Urteil bescheinigt – diese könnten das Reaktionsvermögen verbessern: „Das Ergebnis begründen die Wissenschaftler damit, dass ein Actionspieler das Spielgelände rasch erkunden und auf überraschend auftauchende Feinde schnell rea-

5 gieren muss. Diese Sinnesschärfung kann den Spielern dieser Actionspiele auch Vorteile im Alltag bieten, da hier nicht spezielle Muster erlernt werden, sondern Basisfähigkeiten trainiert würden."

Komplexe Denkansätze, die dazu führen, dass die Folgen der Entscheidung bereits im Vorfeld durchdacht werden, machen den Reiz von Online-Strategiespielen aus. Das

10 Denkvermögen sowie Geduld und Durchhaltevermögen werden entsprechend geschult. Simulationsspiele gibt es für fast alle Lebensbereiche. Im beruflichen und sportlichen Bereich sind Wirtschafts-, Flug-, Renn- und Fußballsimulationen anzusiedeln, doch auch Lebenssimulationen[1] erfreuen sich häufiger einer großen Beliebtheit.

Wird es in Maßen eingesetzt, kann das Computerspielen durchaus positiv bewertet wer-

15 den, denn es können dabei wichtige kognitive[2] Fähigkeiten geschult werden.

Quelle: Besser als ihr Ruf? Computerspiel-Genres im Überblick , https://www.wissen.de/besser-als-ihr-ruf-computerspiel-genres-im-ueberblick, Zugriff 25.2.2021 (ohne Veröffentlichungsdatum) (Text gekürzt und geringfügig verändert)

Hinweis zur Quelle: Der Text wurde ohne namentliche Nennung eines Verfassers veröffentlicht.

1 *Lebenssimulationen: hier: Computerspiele, die Situationen und Erfahrungen aus dem wirklichen Leben nachahmen*

2 *kognitiv: das Denken und Erkennen betreffend*

M 2: Dominic Holzer: Aus Games lernen

1 „Alles, was ich weiß, weiß ich aus Computerspielen – oder weil es sich reimt." Ich habe diesen Satz schon so oft gesagt und mir ist klar, wie seltsam er immer wieder klingt – für Menschen, die der Ansicht sind, dass Games süchtig, faul, einsam oder sogar gewalttätig machen. Ich für meinen Teil kann sagen: Computerspiele haben mich zu einem halbwegs

5 intelligenten, reflektierten Menschen werden lassen. Aus mindestens drei Gründen:

Erstens: Das große Ganze
Zunächst einmal musste ich ja Englisch lernen: Ich sehe mich heute noch als Grundschulknirps mit Mamas altem Wörterbuch auf der Toilette sitzen und Begriffe wie „Cancel", „Undo" und „Continue" nachschlagen oder Basics wie „delete", „file" und „copy" natür-

10 lich. Und da waren großartige Spiele wie „Civilization", die mir unsere Welt und Ideengeschichte erklärt haben, dass das Rad vor dem Schwarzpulver erfunden wurde und die Dampfmaschine vor dem Kommunismus. Dass die Kolonialmächte Spanien, Frankreich, die Niederlande, Großbritannien und Portugal einst die neue Welt unter sich aufgeteilt haben. Weit bevor das in der Schule in Geschichte, Wirtschaft, Erdkunde oder Sozialkun-

15 de Thema war, wusste ich vieles einfach schon ein bisschen.

Zweitens: Ungewöhnliche Fakten und Details
Die halbe griechische Götterwelt kenne ich aus einem wirklich uralten Nintendo-Spiel. Ich kann mir bis heute die ungewöhnlichsten Fakten und Details merken, weil ich aus Games gelernt habe: Irgendwann wird das noch für etwas gut sein.

20 *Drittens: Neugierig und hartnäckig sein*
Es gibt in Spielen einfach so viel zu entdecken: Sie haben mir beigebracht, immer neugierig zu sein und mich in jeder Spielwelt auf deren eigene Regeln einzulassen und diese im besten Fall irgendwann zu überlisten. Adventuregames[3] haben mich gelehrt, lösungsorientiert und auch einmal um die Ecke zu denken, dank Strategiespielen kann ich voraus-

25 planen, Rollenspiele helfen mir, die Welt durch die Augen einer anderen Figur zu sehen, und manche Spiele wollen, dass ich mir ganze Passagen auswendig merke, übe und es immer wieder versuche, bis es klappt.

3 *Adventuregames: Abenteuerspiele*

Mir ist schon klar: Nicht alle Games machen schlau, es gibt auch herrlich dumme Spiele. Und nicht jeder Mensch lernt so wie ich. Aber ich kenne viele Leute, denen es so geht wie
30 mir: Spiele haben uns schlauer gemacht. Und das muss einfach auch mal laut ausgesprochen werden.

Quelle: Dominic Holzer: Aus Games lernen, PULS am 15.11.2019, https://www.br.de/puls/themen/netz/aus-games-lernen-allgemeinbildung100.html (Zugriff: 25. 02. 2021) (Text gekürzt und geringfügig verändert; Überschrift geändert)

M 3: Was lernt man bei Computerspielen? [unbekannter Verfasser]

1 Grundsätzlich sind Computerspiele für Kinder und Jugendliche unterhaltsam, bringen Spaß und ermöglichen dank Mehrspieler-Optionen und Vernetzbarkeit gemeinschaftliche Erlebnisse. Darüber hinaus ist gerade bei Kindern ein wichtiger Faktor, dass Spiele das Gefühl von Kompetenz vermitteln.

5 In Computerspielen können sie ihre Selbstwirksamkeit[1] spüren und Erfolgserlebnisse haben.

Um zu erklären, was jüngeren Spielern bei der Auswahl passender Spiele wichtig ist, hat der Medienforscher Jürgen Fritz das Modell der „Landkarte der Bildschirmspiele" entwickelt. Auf dieser Landkarte mit den Eckpunkten Denken, Action und Geschichten lässt
10 sich jedes Spiel einordnen. Manche Spiele fordern planvolles, strategisches Denken, andere reaktionsschnelles Handeln in Stresssituationen und dritte bieten eine faszinierende Story, die zu einem guten Ende geführt werden muss.

Verschiedene Medienforscher nennen folgende Fähigkeiten, die mit Computerspielen erlernt werden können:

15 – Kombinationsfähigkeit, Taktik: Strategiespiele sind ohne diese Fähigkeiten nicht zu meistern.
– Improvisation, Einfallsreichtum: in Jump-and-Run-Spielen[2] muss ausprobiert werden, welche kreativen Lösungsmöglichkeiten es zum Vorwärtskommen gibt.
– Schöpferisches Denken: Bei Rollenspielen kann man eigene Charaktere frei nach eige-
20 nen Vorstellungen entwerfen.
– Konzentrationsfähigkeit: Die meisten Spiele erfordern eine hohe Konzentration, nicht nur Denkspiele.
– Ausdauer, Beharrlichkeit, Ehrgeiz, Geduld: In Fun-Spielen bedarf es zahlreicher Versuche und einiger Übung, um erfolgreich sein zu können.

Quelle: Was lernt man bei Computerspielen?, Best-Practice-Kompass Computerspiele im Unterricht vom Nov. 2010, https://www.medienanstalt-nrw.de/fileadmin/lfm-nrw/Publikationen-Download/BestPracticeKompass_Computerspiele_Web.pdf (Zugriff: 25. 02. 2021) (Text gekürzt und geringfügig verändert)

Hinweis zur Quelle: Der Text wurde ohne namentliche Nennung eines Verfassers veröffentlicht.

1 *Selbstwirksamkeit: hier: die Erfahrung, durch eigene Anstrengungen ein Ziel zu erreichen*

2 *Jump-and-Run-Spiele: Computerspiele, bei denen sich die Spielfigur laufend und springend fortbewegt*

M 4: Welche der folgenden Computerspielarten spielen Sie zumindest gelegentlich?

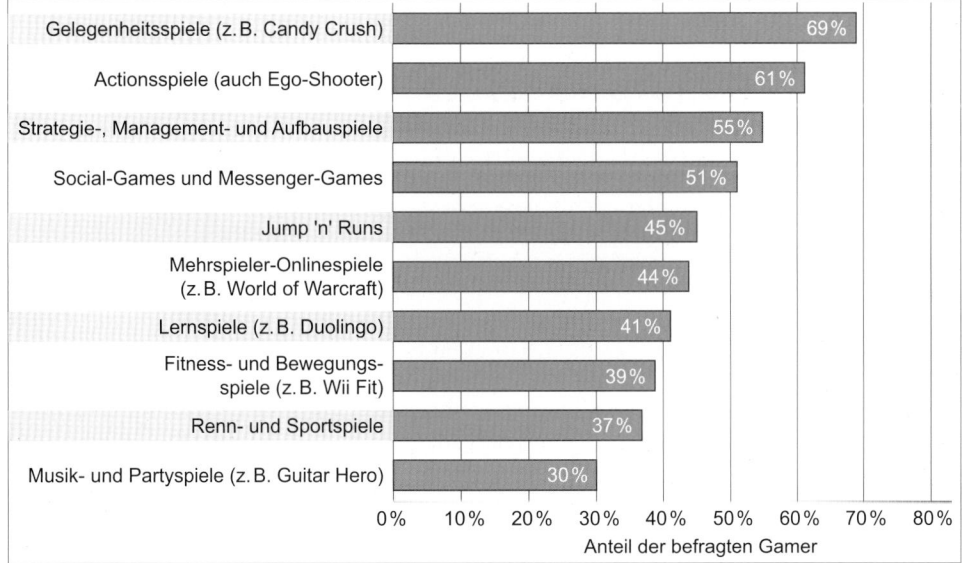

Erläuterung zur Grafik:

Social-Games und Messenger-Games nutzen Soziale Netzwerk- oder Messenger-dienste als Ausgangsplattform für die Spiele, damit diese mit mobilen Endgeräten gespielt werden können.

Quelle: eigene Darstellung nach: https://www.bitkom.org/sites/default/files/2019-08/bitkom-prasentation-gaming-trends-2019.pdf (Zugriff: 25.02.2021)

Hinweis zur Quelle: Befragt wurden im Jahr 2019 528 Personen, die zumindest gelegentlich Videospiele spielen, in einer Altersgruppe ab 16 Jahren.

M 5: Judith Luig: Virtuelles Lernen: Verbessern Computerspiele die Leistungsfähigkeit von Schülerinnen und Schülern?

1 Ja, sagt der Bildungsexperte Hans Fleisch. Er hat 2018 eine groß angelegte Studie zu den Vorteilen der Gamification[1] veröffentlicht. Er sagt: „Durch spielerische Elemente wird das Lernen effektiver." Lernplattformen schaffen eine Welt, die sich ganz bewusst von der Schule unterscheidet. Der Schüler heißt *User*, die Textaufgabe wird zur *Mission*, die von
5 einem sehr schnell sprechenden *Host*[2] vorgetragen wird; und wer sein Lernziel erreicht hat, bekommt Punkte.

Für jedes Schulfach gibt es eine eigene Serie von Lerngeschichten. Das Yuh und seine Mangafamilie sind für die Chemie zuständig; in Biologie gilt es, Robotern Phänomene wie Einzeller oder das menschliche Nervensystem zu erklären; im Fach Deutsch ziehen die
10 Urbanos, eine internationale Teenagergang, durch die Stadt und entdecken die deutsche Grammatik. Die Charaktere sind lustig, sonderbar, einfältig oder manchmal auch ein bisschen nerdig, genau wie die Helden in den Serien, die Kinder gerne schauen. Und bei denen übrigens längst auch alle möglichen Lernziele mit eingeschmuggelt werden.

Gerade für Kinder und Jugendliche, die Schwierigkeiten hätten, etwas auf die klassische
15 Weise mit dem Schulbuch zu lernen, böte das gamifizierte Lernen einen alternativen Einstieg in ein neues Thema. Wird die digitale Revolution also irgendwann das Schulbuch ersetzen? „Nein", sagt Daniel Bialecki, der Geschäftsführer einer Lernplattform, „das wäre auch nicht unbedingt sinnvoll. Zum Beispiel liest man auf Papier anders, und das ist oft einfach besser für das Verstehen."

1 *Gamification: hier: Verwendung spielerischer Elemente im Unterricht durch den Einsatz von Computerspielen*

2 *Host: Gastgeber, Moderator, hier: Spielleiter*

20 Gamification macht das Lernen spannender. Diese These unterstützt auch der Hirnforscher Martin Korte. Das spielerische Lernen kombiniere etwas, das die Schüler aus ihrer Freizeit kennen und schätzen, mit Lerninhalten. Aber er warnt auch davor, die Kinder mit den Lernplattformen allein zu lassen. „Eltern dürfen nicht glauben, dass das Lernen dann von selbst läuft", sagt Korte. „Damit das Erlernte sich auch im Gedächtnis festsetzt, müs-
25 sen die Lernenden darüber reden." Man brauche also eine Situation, in der die Kinder die Inhalte wiederholten und in eigene Worte fassten. Und da wiederum, sagt der Forscher, eigne sich der Schulunterricht doch eher als nur Gespräche zu Hause.

Quelle: Judith Luig: Virtuelles Lernen: Verbessern Computerspiele die Leistungsfähigkeit von Schülerinnen und Schülern?, Zeit Online 07.05.2017, https://www.zeit.de/gesellschaft/schule/2019-03/virtuelles-lernen-gamification-schueler-unterricht, 07. 05. 2019 (Zugriff: 25. 02. 2020) (Text gekürzt und geringfügig verändert; Überschrift geändert)

M 6: Lernen mit Computerspielen [unbekannter Verfasser]

1 Computerspiele sollten im Schulunterricht nach Ansicht der Trierer Professorin Linda Breitlauch deutlich mehr eingesetzt werden. „Sie ermöglichen einen ganz anderen Zugang zu Themen", sagte die Expertin, die an der Hochschule Trier Game Design lehrt und Computerspiele entwickelt.
5 Zum Beispiel können Kinder sich im Fach Geschichte virtuell und interaktiv in eine andere historische Zeit zurückversetzen. „Dann erleben sie historische Ereignisse ganz anders, als wenn sie nur darüber lesen", sagte Breitlauch. „Sie erzählen Geschichte quasi mit – und lernen beim Spiel, ohne dass sie es merken. Lernen muss nicht wehtun."
Es gehe nicht darum, das Schulbuch zu ersetzen, sondern neue Lehr- und Lernmöglich-
10 keiten aufzutun. Bisher gebe es jedoch wenige solcher „Serious Garnes" (ernsthafte Spiele), die einen nachprüfbaren Nutzen über die Unterhaltung hinaus haben. Denkbar seien sie jedoch für nahezu alle Fächer. „Was an Computerspielen so großartig ist, ist das Feedback-System. Heißt: Ich sehe sofort eine Reaktion", sagte Breitlauch. In Chemie könne man virtuell beispielsweise Experimente machen, „die man im Klassenraum besser nicht
15 macht."

Quelle: Lernen mit Computerspielen, nwz online/dpa vom 14.09.2016, https://www.nwzonline.de/digitale-welt/lernen-mit-computerspielen_a_31,1,772474984.html (Text gekürzt und geringfügig verändert)

Hinweis zur Quelle: Der Text wurde ohne namentliche Nennung eines Verfassers veröffentlicht.

Erster Prüfungsteil: Leseverstehen

Martin Oversohl: „Petfluencer" als Werbebotschafter

Ging es früher im Fernsehen nur vereinzelt tierisch zu, sind Vierbeiner heute beliebte Werbeträger in Sozialen Medien. Die sogenannten Petfluencer preisen zum Beispiel Hundefutter und Katzenstreu an – und die Stars der Szene werden selbst zum Produkt.

1 (1) Etwas Besseres als Milchreis an kalten Tagen gibt es nicht. In eine warme Decke gehüllt hält Hundebesitzerin Nicole Lenhardt die warme Schüssel mit der Werbe-
5 botschaft in die Kamera und strahlt mehr als 54.000 Instagram-Follower an. Milo, ihr pelziger Wolfshund, sitzt brav zum Kuscheln bereit. Er hat bestimmt schon das getreidefreie Hundefutter in seinen
10 Napf bekommen, das Nicole Lenhardt, genannt „Nici", zwei Tage zuvor auf Instagram angepriesen hat. Und bald schon kann er sich durch den Hunde-Adventskalender futtern, den es beim Discounter
15 gibt, wie Nicole Lenhardt weiß. Mit Hilfe ihres treuen Vierbeiners, mit täglichen Fotos, Filmchen und natürlich mit Werbepartnern ist die 27-jährige Stuttgarterin über die Internet-Plattformen so erfolg-
20 reich geworden, dass sie vor kurzem ihren Job aufgegeben und sich selbstständig gemacht hat.

(2) Als „Petfluencer" (Pet: englisch für „Haustier") unterhalten Katzen und Hun-
25 de wie Milo, aber auch Pferde, Hasen und sogar Igel und Insekten Millionen sogenannter Follower weltweit. Hier ein Terrier mit neuer Wurmkur[1], dort eine schlafende Katze oder ein Mops mit ei-
30 nem Leckerli-Beutel aus Samt – „Menschen wollen ihren Alltag positiv aufladen. Sie suchen Zerstreuung und einen Zeitvertreib", sagt Jonas Wolf von „Pulse", einer Hamburger Agentur für
35 Influencer-Marketing. Und da die gelegentlich eingestreute Werbung bei Instagram als solche kenntlich gemacht werde, gebe es auch kaum versteckte Kommerzfallen[2].

40 (3) Nicht immer aber sind die Darstellungen auf den Fotos so artgerecht wie bei Nicole und ihrem Wolfshund, meistens sind die Tiere in Szene gesetzt – sehr zum Ärger der Tierschützer: „Es ist eine Gren-
45 ze erreicht, wenn man Tiere vermenschlicht, wenn man sie verkleidet und das auch zur Belustigung macht." In vielen Fällen seien Qualzuchten[3] und vergleichsweise hässliche Tiere bei Instagram
50 erfolgreich, diese Tiere leiden unter vorstehenden Zähnen oder entwickeln starre Blicke, sie bekommen schlecht Luft und normal kauen können sie auch nicht.

(4) Dennoch macht der Erfolg bei den
55 Followern sie als Werbeträger so begehrt, dass sich ein eigener Berufszweig aus Agenturen und Beratern entwickelt hat. Während Milo bereits zu den größeren Petfluencern auf dem deutschen Markt
60 gehört, sind vor allem die Tiere aus weit entfernten Ländern Superstars der Szene. Zwergspitz Jiffpom stellt mit seinen 9,6 Millionen Followern alles in den Schatten, er hat wie einige andere bereits
65 eine eigene Fanartikel-Kollektion. Der Einsatz zahlt sich aus: Nach Schätzungen kann sein Frauchen mit jedem Instagram-Post zwischen 45.000 und 150.000 Dollar (ca. 41.000 und 135.000 Euro) um-
70 setzen.

(5) Ähnliche Summen sind in Deutschland mit den Accounts[4] der Dackel, Siamkatzen oder Meerschweinchen nicht annähernd zu machen; das ist kein Markt,
75 auf dem sich schnell Geld verdienen lässt, aber die Szene wächst. Vor allem die Heimtierbranche beschäftigt sich intensiv mit dem Thema und den digitalen Werbechancen – wenig überraschend bei

3 *Qualzucht: gezielte Züchtung von Merkmalen, die Menschen gefallen, für die betroffenen Tiere jedoch erhebliche Nachteile haben, z. B. in Form von gesundheitlichen Schäden*

1 *Wurmkur: Medikament, das gegen Würmer wirkt, die Magen und Darm von Tieren befallen können*

4 *Account: hier: Benutzerprofil auf einer Internetplattform*

2 *versteckte Kommerzfalle: Werbung, die auf den ersten Blick nicht als solche erkennbar ist*

80 alleine etwa 9,4 Millionen Hunden und 14,8 Millionen Katzen in Deutschland. Die Zielgruppe ist riesig, und je genauer man sie anspricht und seine Botschaft platziert, desto mehr zahlt es sich aus. 85 Nicht nur für ein Unternehmen wie beispielsweise eine bekannte Tierfutterkette, sondern auch für die Halterinnen und Halter der Petfluencer.

(6) Einer der deutschen Topstars war der 90 Weißbauchigel[5] Mr. Pokee aus Wiesbaden, den seine Besitzerin Talitha Girnus nach seinem Tod durch den Igel Herbee ersetzte. Herbee tritt nun immer an der Seite der Katze Audrey auf. Angestachelt[6] 95 durch den Erfolg ihres Igels gründete Girnus vor drei Jahren ein Merchandising-Unternehmen[7], über das sie online unter anderem Kalender verkauft.

Dieses Unternehmen baut ebenso wie 100 Lenhardt auf Instagram und die Zahl der Follower. Wie man die bekommt? „Man muss sich immer wieder mit neuen Ideen präsentieren, sich aber trotzdem selber treu sein, auch mal etwas Privates verraten 105 und vor allem nicht zu viel und nicht zu platt werben", sagt Lenhardt. „Follower müssen sich mit dir identifizieren können." Wochenlang teste sie zudem alles, bevor sie es empfehle. Und von den Pro-110 dukten sei sie überzeugt: „Ich nehme nur eine von zehn Anfragen an."

(7) Mit dem Account wolle sie zudem über den Wolfshund informieren, sagt die gelernte Finanzbuchhalterin. Planen kön-115 ne man den Erfolg als Influencer aber ohnehin nicht: „Ursprünglich hab' ich für Milo nur einen eigenen Account eröffnet, damit ich meinen Freundeskreis nicht so sehr mit den Hundefotos nerve." Neben 120 Einblicken und professionellen Fotos könne dann auch hin und wieder ein Produkt platziert werden. Und ist das Tier bereits bekannt genug, könne man mit dessen Abbildung auch Bücher, Stickersets, 125 Handyhüllen oder T-Shirts vermarkten.

5 *Weißbauchigel: eine afrikanische Igel-Art, die als Haustier gehalten wird*

6 *anstacheln: antreiben, motivieren, hier auch als Wortspiel mit einer Doppelbedeutung (Anspielung auf die Stacheln eines Igels)*

7 *Merchandising-Unternehmen: Unternehmen, das mit Fanartikeln handelt*

Quelle: Martin Oversohl: Klicks und Umsatz beim Gassigang - «Petfluencer» als Werbebotschafter vom 24. 11. 2019 © dpa Deutsche Presse-Agentur GmbH

Aufgaben

1. Kreuze die richtige Antwort an.

   Nicole Lenhardt hat ihren Job aufgegeben (Abschnitt 1), weil sie …

   a) ☐ nun für einen Discounter Hundefutter vertreibt.

   b) ☐ nur noch Zeit mit ihrem Hund Milo verbringen will.

   c) ☐ andere Hunde- und Tierbesitzer zum Thema Social Media berät.

   d) ☒ jetzt mit der Vermarktung ihres Hundes Geld verdienen kann.

2. Kreuze die richtige Antwort an.

   Durch die Aussage „In eine warme Decke gehüllt hält Hundebesitzerin Nicole Lenhardt die warme Schüssel mit der Werbebotschaft in die Kamera [...]" (Z. 2–5) wird deutlich (Abschnitt 1), dass Nicole …

   a) ☐ meist sehr leicht friert.

   b) ☐ gerade ihren Hund füttert.

   c) ☒ ihre Werbeauftritte anschaulich gestaltet.

   d) ☐ in einem professionellen Fotostudio arbeitet.

3. Erläutere die Aufgabe von „Petfluencern" aus der Sichtweise von Jonas Wolf im Textzusammenhang (Abschnitt 2).

Die aufgabe eines Petfluencers ist Den alltag der Menschen prositiver zu machen, wie auch Jonas Wolf im text erwähnt „Sie suchen Zerstreuung und einen Zeitvertreib" (Z:32-33)

4. Kreuze die richtige Antwort an.

Tierschützer äußern die Ansicht (Abschnitt 3), dass ...

a) ☐ viele Tiere nicht artgerecht untergebracht sind.

b) ☐ Tiere genauso wie Menschen behandelt werden sollten.

c) ☐ Tiere mit vorstehenden Zähnen keinen Werbegewinn bringen.

d) ☒ der Einsatz von Tieren zu Werbezwecken problematisch sein kann.

5. Kreuze die richtige Antwort an.

Laut Auskunft des Textes ist ein eigener Berufszweig entstanden (Abschnitt 4), um ...

a) ☐ berechtigte Forderungen von Tierschützern umzusetzen.

b) ☐ von der großen Nachfrage nach Tieren als Werbeträgern zu profitieren.

c) ☒ Tiere aus Deutschland gezielt in weit entfernten Ländern bekannt zu machen.

d) ☐ über Instagram eigene Kleidungsartikel für Tiere zu verkaufen.

6. Ordne die folgenden Überschriften den richtigen Abschnitten 2–5 zu.

Überschrift	Textabschnitt (2–5)
a) Wachsender Markt in Deutschland	5
b) Weltweiter Vermarktungserfolg	4
c) Allgemeine Funktion von Petfluencern	2
d) Das Leiden von Tieren als Werbeträger	3

7. Erläutere den Zusammenhang zwischen der Abbildung und dem Text.

Quelle: © WilleeCole Photography/Shutterstock.com

Das Bild zeigt eine Typische
Pet Fluencer sache, sein Tier in
kostümen einkleiden.

8. Kreuze die richtige Antwort an.

Im Zusammenhang mit verschiedenen Auskünften über den Igel Herbee wird
auch ausgesagt (Abschnitt 6), dass ...

a) ☒ dessen Besitzerin online auch Kalender verkauft.

b) ☐ er später unter dem Namen Mr. Pokee bekannt wurde.

c) ☐ dessen Besitzerin ein erfolgreiches Unternehmen gekauft hat.

d) ☐ er bis zu seinem Tod ein deutscher Topstar war.

9. Erläutere Nicole Lenhardts Aussage „Ich nehme nur eine von zehn Anfragen an" (Z. 110–111) im Textzusammenhang (Abschnitt 6).

Die aussage kr vesichert den followern von Lenhardt das die produkte die ihnen entfolten werden auch von guter Qualität sind und nicht eifach irgendwas zum geld machen.

10. Kreuze die richtige Antwort an.

Laut Lenhardt kann eine Vermarktung z. B. von Büchern oder T-Shirts mit dem Abbild eines bestimmten Tieres dann erfolgreich sein (Abschnitt 7), wenn …

a) ☐ von diesem schon professionelle Fotos bestellbar sind.

b) ☐ ein dazu gebildeter Freundeskreis sich dafür einsetzt.

c) ☒ dieses bereits die nötige Bekanntheit erlangt hat.

d) ☐ das Tier noch möglichst unbekannt ist.

11. Eine Schülerin sagt nach dem Lesen des Textes:

„Tiere als Petfluencer einzusetzen, dient nur den Interessen ihrer Besitzerinnen und Besitzer."

Schreibe eine kurze Stellungnahme zu dieser Aussage.

Du kannst der Auffassung zustimmen oder nicht. Wichtig ist, dass du deine Meinung begründest. Beziehe dich dabei auf den Text.

Ich St stimme der aussage zu außer leuten die sich die Videos/ Bilder anschauen hat niemand wirklich was davon vor allen nicht die tiere involviert „Menschen wollen ihre tag positiv aufladen" (Z. 30-32).

Zweiter Prüfungsteil: Schreiben

Der zweite Prüfungsteil enthält **zwei Wahlthemen**, aus denen **eines** von dir ausgewählt und bearbeitet werden muss!

Wahlthema 1

▶ Lies bitte zunächst den Text, bevor du die Aufgabe bearbeitest.

▶ Schreibe einen zusammenhängenden Text.

Aufgabe

Analysiere den Textauszug aus dem Roman „Der Sommer meiner Mutter" von Ulrich Woelk.

Gehe dabei so vor:

▶ Schreibe eine Einleitung, in der du Textsorte, Titel, Autor und Erscheinungsjahr benennst sowie das Thema formulierst.

▶ Fasse den Text kurz zusammen.

▶ Stelle dar, welchen Stellenwert eine Jeans für Tobias und andere Jugendliche seiner Generation hat.

▶ Untersuche, wie durch sprachliche Mittel deutlich wird, wie beeindruckt Tobias von dem „Jeans Store" und dem dortigen Angebot ist (Z. 11–46) *(mögliche Aspekte: Satzbau, stilistische Mittel, Wortwahl).*

▶ Erläutere, wie Tobias seine Mutter sowie deren Kleidungsstil bisher wahrgenommen hat und wie er auf ihren Wunsch, eine Jeans zu kaufen, reagiert.

▶ Setze dich im Schlussteil mit der folgenden Aussage einer Schülerin kritisch auseinander:

„Tobias sollte sich darüber freuen, dass seine Mutter seinen Geschmack in Sachen Mode teilt."
  – Nimm Stellung zu der Aussage.
  – Begründe deine Meinung.
  – Belege deine Ausführungen am Text.

Ulrich Woelk: Der Sommer meiner Mutter (Textauszug)

Der Ich-Erzähler Tobias lebt in den 1960er Jahren, als Jeanshosen in Deutschland noch nicht selbstverständlich waren und gerade modern wurden, und möchte sich nun seine erste Jeans kaufen. Hierzu fährt er mit seiner Mutter in die Stadt.

1 In der Schule hatte sich herumgesprochen, dass in der Nähe des Kölner Doms ein Laden aufgemacht hatte, der ausschließlich amerikanische Bluejeans führ-
5 te und sich auch nicht Laden, sondern *Store* nannte, was ich noch nie gehört hatte. Auf jeden Fall musste jeder, der in meiner Klasse etwas auf sich hielt, in den Besitz einer Jeans aus diesem *Store* kom-
10 men.
Als wir den *Store* betraten, war ich überwältigt. Es war, als öffnete sich vor mir eine neue Welt. Die Bekleidungsgeschäfte, in denen ich bisher meine Hemden, Ho-
15 sen und Pullover bekommen hatte, waren sehr eng gewesen. Die Kleidungsstücke wurden aus Pappschachteln genommen und lustlos vor einem ausgebreitet. Beim zweiten oder spätestens dritten Modell
20 musste man sich dann entscheiden.
Wie anders hier! Anstatt ·von einer strengen Verkäuferin hinter einem Tresen zu dem gewünschten Kleidungsstück und der Konfektionsgröße[1] befragt zu wer-
25 den, konnte man sich in dem großen, hellen Verkaufsraum frei bewegen. In meterlangen Regalen stapelten sich Jeans in allen nur denkbaren Größen und Schnitten, und vor den Umkleidekabinen
30 herrschte ein aufgeregtes Gewusel.
Auch meine Mutter wirkte sichtlich überrascht. Ich spürte aber auch, dass ihr Staunen mit Skepsis[2] vermischt war, weil sie nicht wusste, wie man sich in dem rie-
35 sigen Angebot von Hosen zurechtfinden sollte. Sie stand einen Moment lang ratlos da, bis die Chefin oder Chefverkäuferin lächelnd auf uns zukam und uns das Ordnungssystem in den Regalen erklärte.
40 Die Hosen waren nicht nach Konfektionsgrößen, sondern nach Umfang und Länge sortiert. Außerdem standen verschiedene Marken und Schnitte zur Auswahl, entweder mit geradem Bein oder unterhalb
45 des Knies ausgestellt[3], wie es jetzt Mode sei, sagte sie.

Wir suchten uns ein paar Hosen zusammen und warteten, bis eine der Umkleidekabinen frei wurde. Ich zwängte mich
50 nacheinander in die Jeans. Ich hatte gehört, sie müssten so eng sitzen, als seien sie am Körper getrocknet. Als Marken standen Wrangler und Levi's zur Auswahl. Die Meinungen darüber, welche
55 von beiden man haben musste, gingen auseinander. Ältere Geschwisterkinder meiner Freunde verbanden bestimmte Jeans mit englischen Sängern oder Bands, aber diese Musik hörten wir noch nicht.
60 Ich zog mal eine Wrangler an, mal eine Levi's. Ich fand es gar nicht so leicht, sie voneinander zu unterscheiden.
Immer wieder verließ ich die Kabine, um mich in einem der großen Spiegel zu be-
65 trachten. Einmal fiel mein Blick dabei auf meine Mutter. Sie stand ein paar Meter von mir entfernt vor einem Regal und dachte über irgendetwas nach. Ich fragte mich, worüber, denn die Hosen dort wa-
70 ren für mich zu groß. Schließlich zog sie eine Jeans aus dem Stapel und kam auf mich zu.
„Was meinst du?", sagte sie. „Ich könnte ja auch einmal eine ausprobieren."
75 Ihre Frage verwirrte mich. Bis zu diesem Zeitpunkt hatte ich mir noch nie Gedanken über die Kleidung meiner Mutter gemacht. Ich hatte mir ja noch nicht einmal Gedanken über meine eigene Kleidung
80 gemacht. Noch vor wenigen Monaten hatte ich widerspruchslos alles getragen, was meine Mutter mir gekauft hatte. Auf einmal ihr Ratgeber in Bekleidungsfragen zu sein, passte nicht in unser Verhältnis.
85 Außerdem gefiel mir die Vorstellung nicht, sie könnte tatsächlich eine Jeans tragen. Ich kannte sie nur in Röcken und Blusen – und nicht nur sie. Genau genommen hatte ich noch nie einen Er-
90 wachsenen im familiären Umfeld meiner Eltern oder in ihrem Freundeskreis in Jeans gesehen.

1 *Konfektionsgröße: Größe eines Kleidungsstücks*

2 *Skepsis: Zweifel, Bedenken*

3 *ausgestellt: hier: Bezeichnung einer Schnittform, bei der die Hose am Oberschenkel eng anliegt und vom Knie abwärts weiter ausfällt (wie z. B. bei einer sogenannten Schlaghose)*

Jeans waren keine Hosen für Erwachsene, wie ich sie kannte – und ich wollte auch,
95 dass das so blieb.

Wenn wir, meine Freunde und ich, eine Jeans haben wollten, dann nicht, weil die Erwachsenen sie trugen, sondern weil sie sie *nicht* trugen.

100 Von der Frage meiner Mutter überrumpelt, sagte ich nur: „Ja, warum denn nicht."

Sie nickte und verschwand mit der Hose in der Umkleidekabine. Ich war nicht
105 glücklich über diese Entwicklung. Wir waren hierhergekommen, um eine Hose *für mich* zu kaufen, nicht für sie. Außerdem konnte ich mir meine Mutter in Jeans nicht vorstellen. Aber es war nichts daran
110 zu ändern, und ich wartete.

Als sie aus der Kabine kam, war der Anblick sonderbar. Die Frau, die vor mir stand, war unzweifelhaft meine Mutter,

doch irgendwie war sie es auch nicht. Die
115 Jeans schien aus ihr eine andere Person zu machen. Sie glich auf einmal der Verkäuferin, die so anders war und auftrat als sie. „Nun? Findest du, dass mir eine Jeans steht?"

120 Wie hätte ich diese Frage beantworten sollen? Es war so, als hätte sie mich aufgefordert, mich zwischen ihr und einer anderen Person als Mutter zu entscheiden. Doch das wollte ich nicht. Ich wollte, dass
125 sie die war und blieb, die ich kannte, seit ich denken konnte: eine verlässliche Versorgungsinstanz[4], die immer und zu jeder Zeit bereit war, für mich und mein Wohl alles stehen und liegen zu lassen.

130 Offenbar war sie fasziniert von dem Gedanken, eine Jeans zu tragen, und zugleich schien sie davor zurückzuschrecken. Jedenfalls war ihr meine Meinung dazu wichtig, aber ich blieb stumm.

Quelle: Ulrich Woelk: Der Sommer meiner Mutter. München: Beck 2019, S. 9–13 (Text geringfügig gekürzt)

4 *Versorgungsinstanz: hier: Person, die für die Versorgung des Ich-Erzählers zuständig ist*

Wahlthema 2

Lies bitte zunächst die Aufgabe und dann die Materialien aufmerksam, bevor du mit dem Schreiben beginnst.

Auf dem Pausenhof deiner Schule liegt immer wieder Plastikmüll herum. Von deinen Freundinnen und Freunden erfährst du, dass die Umwelt-AG deiner Schule gerade eine Sonderausgabe der Schülerzeitung zum Thema „Plastik" erstellt.

Du hast angeboten, für diese Ausgabe einen informierenden Text über die Vermeidung von Plastik zu verfassen. Zu diesem Zweck werden dir von der Umwelt-AG Materialien (M 1–M 5) zur Verfügung gestellt.

Aufgabe

Verfasse auf der Grundlage der Materialien M 1–M 5 einen informierenden Text zum Thema „Plastik vermeiden". Schreibe nicht einfach aus den Materialien ab, sondern achte auf eine eigenständige Darstellung in einem zusammenhängenden Text.

Gehe dabei so vor:

▶ Formuliere für deinen Text eine passende, zum Lesen anregende Überschrift.

▶ Erkläre einleitend, warum insbesondere Plastikmüll ein Problem für die Umwelt ist.

▶ Stelle dar, wie die Vermeidung von Plastik im Alltag umgesetzt werden kann.

▶ Erläutere die Schwierigkeiten, die bei der Vermeidung von Plastik entstehen.

▶ Beurteile anhand der Materialien und eigener Überlegungen, welche Vorteile die Vermeidung von Plastikmüll für das Leben der Menschen haben könnte.

M 1: Kampagne[1] „Weniger ist mehr" [unbekannter Verfasser]

1 In Deutschland fällt nach wie vor zu viel Plastikmüll an. Besonders Einweg-Plastik, das oft nur kurze Zeit genutzt und dann achtlos weggeworfen wird, ist eine Verschwendung von Ressourcen[2] und belastet Umwelt und Klima. Die Bundesregierung hat daher zahlreiche Maßnahmen beschlossen, um überflüssiges Einweg-Plastik zu vermeiden, Mehrweg-
5 Angebote zu stärken, das Recycling auszuweiten sowie nachhaltigen Verbrauch zu stärken. Was können Verbraucherinnen und Verbraucher tun, um Wegwerf-Plastik zu vermeiden? Sehr viel! Ob beim Einkaufen im Supermarkt, beim Picknick im Park und in vielen anderen alltäglichen Situationen: Verbraucherinnen und Verbraucher können sich jeweils bewusst gegen Einweg-Plastik und für umweltfreundliche Mehrweg-Alternativen ent-
10 scheiden.
Denn bereits jetzt haben Verbraucherinnen und Verbraucher viele Möglichkeiten, Weg-werf-Plastik und Einweg-Produkte zu vermeiden: etwa indem sie auf Plastik-Tüten und unnötige Verpackungen beim Einkauf verzichten, wiederverwendbare Beutel, Taschen und Rucksäcke sowie Obst- und Gemüsenetze als Ersatz für dünne Plastikbeutel nutzen,
15 Mehrweg-Flaschen kaufen oder Mehrweg-to-go-Angebote[3] da nutzen, wo das mit den Hygiene-Anforderungen vereinbar ist. Das gilt etwa für Mehrwegbecher-Pfandsysteme, bei denen Becher nach der Rückgabe industriell gespült und dann hygienisch einwandfrei wieder ausgegeben werden.

Quelle: Kampagne "Weniger ist mehr", BMVU vom 07. 04. 2021, https://www.bmuv.de/faqs/kampagne-weniger-ist-mehr/, (Text gekürzt und geringfügig verändert)
Hinweis zur Quelle: Bei dem vorliegenden Text handelt es sich um eine Veröffentlichung des Bundesministeriums für Umwelt, Naturschutz, nukleare Sicherheit und Verbraucherschutz. Der Text wurde ohne namentliche Nennung eines Verfassers veröffentlicht.

1 *Kampagne: hier: zeitlich befristete Werbeaktion, die auf ein bestimmtes Ziel ausgerichtet ist*

2 *Ressourcen: die auf der Erde vorhandenen Rohstoffe und Energieträger*

3 *Mehrweg-to-go-Angebote: Angebote, bei denen Kundinnen und Kunden auf die Mehrwegverpackung Pfand zahlen. Das Pfand wird bei der Rücknahme der Verpackung erstattet.*

M 2: Wissenschaftlicher Dienst des Europäischen Parlaments: Einweg-Kunststoffprodukte

Auf Einweg-Kunststoffprodukte verzichten:
WENIGER PLASTIKMÜLL IM MEER

Über
150 Millionen Tonnen
Plastikmüll belasten mittlerweile unsere Meere

Schätzungen zufolge landen jedes Jahr
4,8 bis 12,7 Millionen Tonnen
Plastik im Meer

Kunststoffabfälle im Meer verursachen Probleme:

Pflanzen- und Tierwelt im Lebensraum Meer

- Tiere verschlucken Plastikmüll oder verstricken sich darin/Verlorene Fanggeräte verursachen Schäden
- Lebensräume der Tiere werden zerstört
- Tiere werden schädigenden Einflüssen durch Chemikalien in Kunststoffen ausgesetzt

Menschliche Gesundheit

- Chemikalienbelastung durch das Essen von Meerestieren

Quelle: Geänderte Fassung der Originalversion veröffentlicht von der Europäischen Union auf der nachfolgenden Webseite: https://www.europarl.europa.eu/pdfs/news/expert/2018/10/story/20181005STO15110/20181005STO15110_de.pdf, © Europäische Union, 2021 – Quelle: Europäisches Parlament

M 3: Victoria Scherff: So verzichtest du Schritt für Schritt auf Plastik (Interview)

1 *Am Jahresanfang oder in der Fastenzeit verzichten viele Menschen auf Süßes, Alkohol, Kaffee oder Fleisch. Wie wäre es aber, wenn wir auf Plastik verzichten würden? Zwei Buchautorinnen, Anneliese Bunk und Nadine Schubert, erklären im Interview, wie das gelingen kann.*

Viele Menschen gehen bereits bewusst mit ihrem Plastikkonsum um. Doch wo-
5 **mit können absolute Einsteiger beginnen?**

Anneliese Bunk: Meine drei Lieblingstipps sind: Seife statt Duschgel, Leitungswasser statt Flaschenwasser und Pflanzenöl oder Kokosöl statt Feuchttüchern und Make-up-Entferner. Diese Tipps sind einfach, sparen Geld und jeder kann sie sofort umsetzen, ohne seine Gewohnheiten zu ändern.

10 **Nadine Schubert:** Leicht ist der Umstieg vor allem beim Lebensmitteleinkauf. Man kann auf Getränke – auch Milch – im Glas umsteigen und sich von Plastikflaschen und Tetra-packs[1] verabschieden. Man sollte darauf achten, kein verpacktes Obst und Gemüse mehr zu kaufen, und zur Wurst- und Käsetheke seine eigenen Behälter mitbringen.

Welche Plastikfrei-Basics sollte man haben, um im Alltag Plastik effektiv zu
15 **umgehen?**

Nadine Schubert: Es ist gut, auf Stoffbeutel, Einkaufskorb und Baumwolltasche zurück-zugreifen. Denn damit kann man sowohl auf Obstbeutelchen aus Kunststoff als auch auf die Papiertüte beim Bäcker verzichten. Eine plastikfreie Trinkflasche für Kinder spart Kunststoff und Schadstoffe ebenso wie eine Brotzeitdose aus Edelstahl.

Quelle: Victoria Scherff: Plastikfasten - So verzichtest du Schritt für Schritt auf Plastik, Utopia vom 02. 03. 2022, https://utopia.de/ratgeber/plastikfasten/ (Text gekürzt und geringfügig verändert)

> **1** *Tetrapack: folienbeschichtete Getränkeverpackung*

M 4a: Claudia Braun: Plastikfreies Leben – Wie ein Selbstversuch zum Umdenken anregt

1 „Versuche doch einmal, eine Woche plastikfrei zu leben", so lautete der Auftrag für diesen Artikel. Das Problem beginnt schon im Bad: Duschgel, Shampoo, Körpercreme, Zahnpas-ta – alles steckt in Plastikverpackungen. Doch wie lässt sich das reduzieren? „So schwer ist es gar nicht", beruhigt Naturschutzexpertin Anne Kienappel.

5 Duschgel, Shampoo und Creme gibt es inzwischen auch in jeder herkömmlichen Droge-rie als feste Produkte, die ohne Plastikverpackung auskommen. Zahnpasta ist in Form von Tabs erhältlich. Nach den ersten Selbstversuchen mit festem Shampoo, Körperbutter im Stück und der guten alten Seife mit natürlichen Pflegestoffen die erstaunliche Erkenntnis: Sie sind genauso gut oder gar besser als die flüssigen Produkte.

10 Ein Blick in den Kühlschrank genügt und wieder finden wir Plastikverpackungen in jeg-licher Form und Farbe: abgepackten Käse, Saft im Tetrapack und Joghurtbecher. Selbst die Äpfel warten in Plastikfolie darauf, befreit zu werden. „All das gibt es auch lose oder im Glas, sogar im ganz normalen Supermarkt", macht Anne Kienappel wieder Mut. Beim aufmerksamen Durchsuchen des Lebensmittelgeschäfts wird schnell klar: Das stimmt!

15 Gerade bei Obst und Gemüse hat auch bei den Discountern[1] ein Umdenken eingesetzt. Wiederverwendbare Netze für den Transport hängen sogar direkt neben der Ware. Wenn möglich, sollte man immer Mehrweggläser benutzen, denn sie werden von der Industrie so gereinigt, dass man sie wieder zum Kaufen von neuen Produkten verwenden kann. Tipp: Unverpackt-Läden gibt es in immer mehr Gemeinden. Hier bringt man sich seine
20 wiederverwendbaren Behältnisse einfach selbst mit und kann auch besser überblicken, wie viel man wirklich benötigt.

> **1** *Discounter: Geschäfte, die ein eingeschränktes Angebot an Waren zu besonders geringen Preisen anbieten*

Anne Kienappel empfiehlt ländlich lebenden Verbrauchern, beim örtlichen Bauern vorbeizuschauen und dort etwa Kisten mit frischem Obst und Gemüse für eine Woche zu
25 kaufen.

Quelle: Märkische Allgemeine Zeitung, Plastikfreier leben ist möglich, 14. 11. 2020 (Text gekürzt und geringfügig verändert)

M 4b: Kristina Orasche: Wie funktioniert ein Leben ohne Plastik?

1 Einfach ist es nicht. Julia Löschnig wagte ein Jahr lang den Selbstversuch – und nahm sich zu Neujahr 2020 vor, ein Jahr lang so gut wie möglich Plastik zu vermeiden. Wie ist es ihr in diesem Jahr ergangen?

„Es ist ganz schwer, überall findet man Plastik. Natürlich habe ich auch nicht alles weg-
5 geworfen." Sonst hätten ja auch verschiedenste Elektrogeräte weichen müssen. Am schwierigsten empfand sie das Vermeiden von Plastik beim Lebensmittel-Einkauf. Denn Waren, die so aussehen, als wäre die Verpackung nur aus Papier, sind bei näherer Betrachtung gar nicht plastikfrei. Verpackungen sind oft innen beschichtet oder es gibt Sichtfenster aus Plastik. Beispiele sind viele Sorten Spaghetti, Taschentücher, Wattestäbchen
10 oder Müsli.

„Auf der Suche nach plastikfreien Lebensmitteln bin ich von Supermarkt zu Supermarkt gefahren, was das Ganze unsinnig gemacht hat – man denke nur an den CO_2-Ausstoß[1] durch das Autofahren." Plastikfrei leben zu wollen ist also zeitaufwendig – und teuer! Löschnig: „Bei Lebensmitteln um ein gutes Drittel, besonders teuer sind die Bio-Super-
15 märkte." Was sich bei Lebensmitteln schwierig gestaltete, war bei Putzmitteln einfach: Sie kann man nämlich selbst herstellen, und heutzutage gibt es auch gute plastikfreie und chemiefreie Marken.

Dennoch: Komplett plastikfrei zu leben, ist unmöglich, zumindest für Löschnig: „Ich habe auch nicht den Anspruch, in diesem Themenbereich perfekt zu sein. Es geht mir um
20 die persönliche Einstellung: Jeder sollte beginnen, seinen eigenen Konsum zu hinterfragen. Denn wir sind die erste Generation, die den Klimawandel völlig versteht, und die letzte, die etwas dagegen unternehmen kann."

Quelle: Kristina Orasche: Wie funktioniert ein Leben ohne Plastik?, Advantage vom 14. 02. 2022,
https://www.advantage.at/artikel/wie-funktioniert-ein-leben-ohne-plastik, (Text gekürzt und geringfügig verändert)

1 CO_2-*Ausstoß: Ausstoß des Gases Kohlenstoffdioxid, das erheblich zum Klimawandel beiträgt*

M 5: Plastik und Nachhaltigkeit? [unbekannter Verfasser]

1 Seitdem Plastiktüten einen Preis haben und Unverpackt-Supermärkte im Trend sind, ist das Thema Plastik in der Mitte der Gesellschaft angekommen. Doch warum hat Plastik einen schlechten Ruf und woraus wird Plastik hergestellt?

Plastik wird aus Erdöl gewonnen. Es kommt dementsprechend aus einer nicht nach-
5 haltigen Quelle. Zudem stellt sich das Plastikproblem beim Recycling, denn das Material löst sich nicht natürlich auf und verfällt nicht. Allzu viele Länder weltweit setzen auf die Ausfuhr von Plastikmüll in andere Länder, um sich nicht mit der Entsorgung beschäftigen zu müssen. Dazu gehört auch Deutschland. So landet Plastik auf Müllbergen, wird unter Ausstoß giftiger Gase verbrannt oder schwimmt in den Weltmeeren.

10 Auf der anderen Seite sollte dir bewusst sein, dass Plastik nicht nur Nachteile hat. Das Material ist sehr beständig, flexibel und robust und bei einigen Produkten, wie zum Beispiel Zahnbürsten, nahezu unverzichtbar. Wer den Rohstoff schlechtmacht und auf alle Plastik-Bestandteile verzichtet, macht sich nicht nur selbst das Leben schwer, sondern unterstützt auch andere Missstände. Hier ein paar Beispiele:

15 – *Baumwolltasche versus Plastikbeutel:* Der Anbau von Baumwolle verbraucht sehr viel Wasser, Schädlingsbekämpfungsmittel[1] und Dünger. Große Teile der Baumwollpro-duktion stammen von gentechnisch veränderten Pflanzen. Der Plastikbeutel hat eine bessere CO_2-Bilanz[2].

– *Bambus-Zahnbürste versus Plastikzahnbürste:* Zahnärzte empfehlen, Borsten aus Nylon
20 zu verwenden, da diese deutlich besser reinigen. Der Griff der Zahnbürste sollte jedoch aus Bambus sein, da hier das Plastik nicht nötig ist.

– *Glas versus Plastik:* Wenn es sich um die einmalige Nutzung handelt, gewinnt Plastik bei der CO_2-Bilanz. Zur Herstellung von Glas werden wichtige Rohstoffe wie Sand verbraucht, die bei hohen Temperaturen verarbeitet werden müssen. Außerdem ist
25 Glas deutlich schwerer im Transport.

Dennoch gilt, dass Plastik in der Entsorgung nicht nachhaltig ist. Während Baumwolle und Bambus zum Beispiel biologisch abbaubar sind, braucht eine Plastiktüte fast 500 Jahre, um zu zerfallen. Auch dann entsteht noch unerwünschtes Mikroplastik[3]. Die CO_2-Bilanz hängt davon ab, wie oft du das jeweilige Produkt benutzt.

Quelle: Mythen rund um Nachhaltigkeit, Pandoo vom 15. 04. 2020, https://gopandoo.de/blogs/blog/mythen-rund-um-nachhaltigkeit, (Text gekürzt und geringfügig verändert; Überschrift geändert)

Hinweis zur Quelle: Der Text wurde ohne namentliche Nennung eines Verfassers veröffentlicht.

1 *Schädlingsbekämpfungs-mittel: chemische Mittel, die Pflanzen vor Insekten, Schnecken, Nagetieren oder unerwünschten Pflanzen schützen sollen*

2 CO_2-*Bilanz: Berechnung des Ausstoßes von Kohlen-stoffdioxid, der direkt bzw. indirekt durch die Produk-tion und den Gebrauch eines Produkts entsteht*

3 *Mikroplastik: feste, unlös-liche und nicht biologisch abbaubare Plastikteilchen in einem Größenbereich von weniger als 5 Millimetern. Einige Wissenschaftler gehen davon aus, dass Mikroplas-tik auch für den Menschen gesundheitsschädlich sein kann.*

Abschlussprüfung an Hauptschulen in NRW
Deutsch 2023

Um dir die Prüfung 2023 schnellstmöglich zur Verfügung stellen zu können, bringen wir sie in digitaler Form heraus.

Sobald die Original-Prüfungsaufgaben 2023 zur Veröffentlichung freigegeben sind, können sie als PDF auf der Plattform *MyStark* heruntergeladen werden (Zugangscode vorne im Buch).

Aktuelle Prüfung

www.stark-verlag.de/mystark

Bildnachweis

Bildnachweis Buch

Bild- und Textnachweis Online-Training

Leseverstehen
Claudia Becker: Die wundersamen Parallelen der getrennten Zwillinge, 08.02.2012,
www.welt.de/vermischtes/kurioses/article13857347/Die-wundersamen-Parallelen-der-getrennten-Zwillinge.html
Bild: © JurgaR/iStockphoto.com

Ana Ostri'c: Mehr als nur ein Handwerk. Kölner Stadtanzeiger, 22.11.2006,
www.ksta.de/mehr-als-nur-ein-handwerk-13722670
Bilder: Schreinerei: © Andres Rodriguez/Fotolia.com, Junge und Mädchen: © ehrenberg-bilder/Fotolia.com, Hammer mit Nägeln: © Narumon Outsah/Dreamstime.com

Einen Romanauszug analysieren und interpretieren
Que Du Luu: Im Jahr des Affen. Königskinder Verlag in der Carlsen Verlag GmbH: Hamburg 2016. S. 7–12 (gekürzt)
Bilder: Reis: © Noam Armonn. Shutterstock, Asiatisches Mädchen: © Lewis Tse Pui Lung/Shutterstock

Ein Gedicht analysieren und interpretieren
Ulla Hahn: „Spielende", Gedichte. Stuttgart: Deutsche Verlagsanstalt 1983.

Einen informierenden Text verfassen
M1 Das große Wegschmeißen: Deutsche werfen 313 Kilo Lebensmittel weg – pro Sekunde. dpa, Spiegel Online, 18.06.2015. www.spiegel.de/wissenschaft/natur/wwf-studie-millionen-tonnen-lebensmittel-landen-im-muell-a-1039485.html (aus didaktischen Gründen gekürzt und leicht verändert)
M2 Und gib uns ein Mal … © NEL, www.nelcartoons.de/tagein-tagaus/essen-weg-werfen.381
M3 Thomas Wischniewski: Die große Lebensmittelverschwendung, 01.12.2011. www.verbraucherbildung.de/verbraucherwissen/die-grosse-lebensmittelverschwendung
M4 Was werfen wir weg? © BMEL
M5 Jutta Witte: Essener Foodsharing-Gruppe will Lebensmittel vor dem Müll retten. Der Westen am 29.03.2015, www.derwesten.de/staedte/essen/essener-foodsharing-gruppe-will-lebensmittel-vor-dem-muell-retten-id10507273.html
M6 Zu gut für die Tonne! Bundesministerium für Ernährung und Landwirtschaft (BMELV), www.zugutfuerdietonne.de/was-kannst-du-dagegen-tun
Bilder: Einkaufskorb: © paul prescott/Shutterstock, Essen im Müll: © 123rf.com, Papier-tüte mit Essen: © Skylines/Shutterstock, Food Sharing: © fd-styles/Fotolia.com

Informationen ermitteln, vergleichen und bewerten
M1 Fast Fashion – Der Trend zur blutigen Wegwerfkleidung: BR puls, 14.04.2016. www.br.de/puls/themen/leben/faire-mode-100.html
M2 Heike Holdingshausen: Dreimal anziehen, weg damit. Was ist der wirkliche Preis für T-Shirts, Jeans & Co? © Westend Verlag GmbH, Frankfurt/Main 2015, S. 14–15
M3 Preisaufschlüsselung eines T-Shirts: Entwicklungspolitisches Netzwerk Sachsen e.V. www.saubere-kleidung.de
M4 Teresa Fries: Warum ich immer noch keine faire Mode trage. BR puls, 19.04.2016. www.br.de/puls/themen/leben/warum-ich-keine-faire-mode-trage-100.html
Bilder: Familie beim Shopping: © Pressmaster/Shutterstock, Jeans: © Dmitry Kalinovsky/Shutterstock, Kleiderständer: © 123rf.com

Ausdruck und Stil
Heinrich von Kleist: Anekdote. In: Werke und Briefe in vier Bänden. Band 3. Berlin und Weimar 1978, S. 356–357.
Bild: © argus/Shutterstock

Bist du bereit für deinen Einstellungstest?

Hier kannst du testen, wie gut du in einem Einstellungstest zurechtkommen würdest.

1. Allgemeinwissen
Der Baustil des Kölner Doms ist dem/der ... zuzuordnen.

a) Klassizismus   b) Romantizismus
c) Gotik   d) Barock

2. Wortschatz
Welches Wort ist das?

N O R I N E T K T A Z N O

3. Grundrechnen
-11 + 23 - (-1) =

a) 10   b) 11   c) 12   d) 13

4. Zahlenreihen
Welche Zahl ergänzt die Reihe logisch?

17 14 7 21 18 9 ?

5. Buchstabenreihen
Welche Auswahlmöglichkeit ergänzt die Reihe logisch?

e d f f e g g f h ? ? ?

a) h i j   b) h g i   c) f g h   d) g h i

Lösungen: 1 c; 2 Konzentration; 3 d; 4 27; 5 b

Alles zum Thema Einstellungstests findest du hier:

www.stark-verlag.de   **STARK**

STOPP DIE PANIK

Mit der Fußsohlen-Methode

Prüfungen können Angst- und Fluchtsituationen sein. Dein Körper schüttet Adrenalin aus und dämpft das Gefühl in den Füßen. Z. B. beim Weglaufen ist es gut, wenn man die Füße nicht spürt. Eine Prüfung ist aber **keine Gefahrensituation**. Signalisiere deinem Körper, dass du nicht weglaufen musst, und bring das Gefühl in deine Füße zurück:

Setze oder stelle dich hin.
Die Füße müssen den **Boden** berühren.

Schließe jetzt deine Augen und **denke** dich in deine Füße hinein.

jeden einzelnen **Zeh** spüre von klein bis groß.

Erkunde den **Bogen** deines Fußes.

Fahre in Gedanken um die **Fersen**.

Spüre den **Druck** auf dem Boden.

Dein Körper **fühlt** die Füße wieder und denkt, er sei in keiner Panik-Situation, sondern in **Sicherheit**.